BIBLIOTHEQUE

UNIVERSELLE

DES DAMES.

Première Classe :

VOYAGES.

Il paroît tous les mois deux Volumes de cette Bibliothèque. On les délivre ſoit brochés, ſoit reliés en veau fauve ou écaillé ; & dorés ſur tranche, ainſi qu'avec ou ſans le nom de chaque Souſcripteur imprimé au frontiſpice de chaque volume.

La ſouſcription pour les 24 vol. reliés eſt de 72 liv., & de 54 liv. pour les volumes brochés.

Les Souſcripteurs de Province, auxquels on ne peut les envoyer par la poſte que brochés, payeront de plus 7 liv. 4 ſ. à cauſe des frais de poſte.

Il faut s'adreſſer à M. CUCHET, Libraire, *rue & hôtel Serpente, à Paris.*

BIBLIOTHEQUE
UNIVERSELLE
DES DAMES.
VOYAGES.

TOME DIXIÈME.

A PARIS,

RUE ET HÔTEL SERPENTE.

Avec Approbation & Privilège du Roi.

1788.

BIBLIOTHEQUE
UNIVERSELLE
DES DAMES.
VOYAGES.
LETTRE XCVI.

Les voyages ſont l'école la plus inſtructive de l'homme. C'eſt en voyageant qu'il peut apprendre à connoître ſes ſemblables ; c'eſt en vivant avec différens peuples, en étudiant leurs mœurs, leur religion, leur gouvernement, qu'il trouve un terme de comparaiſon pour juger des mœurs, de la religion, du gouvernement de ſon pays. Environné des préjugés de l'éducation, ſoumis à la loi de l'habitude, tant qu'il ne quittera point ſa terre natale, il ne verra les autres nations qu'à travers un verre opaque, qui changeant à ſes yeux leurs formes & leurs couleurs, lui en fera porter des jugemens faux. Il s'étonnera de leurs erreurs, quand lui-même payera tribut à des erreurs auſſi frappantes ; il rira du ridicule de leurs uſages, quand lui-même ſera l'eſclave d'uſages non moins extravagans.

Mais, après qu'il aura examiné avec une attention réfléchie les mœurs & le génie des peuples divers, après qu'il aura calculé juſqu'à quel point l'éducation, les loix le climat influent ſur leurs qualités phyſiques & morales, la ſphère de ſes idées s'étendra, la réflexion l'affranchira du joug des préjugés & briſera les liens dont la coutume avoit enchaîné ſa raiſon. C'eſt alors que tournant ſes regards vers ſa patrie, le bandeau tombera de ſes yeux, les erreurs qu'il avoit puiſées dans ſon berceau s'évanouiront, & il verra cette terre enchantée ſous ſon véritable jour.

Avant de commencer ſes voyages, il importe qu'il ait une connoiſſance profonde de la géographie & de l'hiſtoire. L'une lui marquera la place qui ſervit de théâtre aux grands événemens : l'autre en retracera la mémoire.

Eclairé de ce double flambeau, s'il parcourt les contrées orientales, où ſont arrivées tant de révolutions étonnantes, il verra tous les objets s'animer ſous ſes pas. Les marbres, les ruines, les montagnes parleront à ſon eſprit & à ſon cœur. Combien de comparaiſons de ce qui fut avec ce qui eſt s'offriront à ſa penſée? quelle chaîne immenſe d'événemens à parcourir?

Devenu citoyen de l'univers, il s'élevera au-deſſus de la partialité & de l'opinion, & en décrivant les villes, les pays, il remettra à la vérité le ſoin de conduire ſes pinceaux. Mais qu'il évite de ſe placer, comme tant de voyageurs, ſur le devant de ſes tableaux, d'appeler ſur lui ſeul les rayons de la lumière & de laiſſer dans l'ombre le reſte des perſonnages. Qu'il ſe montre ſans affectation, ou pour mieux éclairer ſon ſujet, ou pour donner plus de poids aux faits qu'il expoſe. Telles ſont les connoiſſances que doit au moins poſſéder celui qui veut voyager avec fruit : tels ſont les principes dont il doit être pénétré.

Aux lumières & au génie de l'obſervation, il faut qu'il joigne encore cette ſenſibilité vive, profonde, pénétrante qui ſeule fait voir & écrire avec intérêt. S'il n'a point été attendri à l'aſpect des lieux, où un défenſeur généreux de la patrie a ſuccombé ; ſi les merveilles des arts, & les phénomènes de la nature ne l'ont point frappé d'étonnement & d'admiration; s'il n'a point gémi ſur les ravages de la barbarie & les crimes du deſpotiſme, ſi le feu de l'enthouſiaſme n'a point embraſé ſon cœur près des ruines où vivent encore les reſtes de la grandeur des nations & de la gloire des princes, qu'il ſe garde d'écrire : la nature ne l'avoit pas fait pour tranſmettre à ſes ſemblables les grandes impreſſions que doivent produire les grands objets.

Je crois avoir ſenti ce qu'il faut pour rendre mes voyages intéreſſans; mais c'eſt à vous, Madame, à juger ſi j'ai ſu le mettre en pratique; ſi votre eſprit, en parcourant mes lettres, m'accompagne avec plaiſir ; ſi la vérité des deſcriptions vous frappe, ſi les détails géographiques & hiſtoriques vous inſtruiſent ; ſi les faits mémorables que je vous communique, vous paroiſſent placés dans le cadre qui leur convient ; ſi le parallèle des mœurs étrangères & nationales vous ſemble tracé par le jugement & la réflexion, j'aurai réuſſi au gré de mes vœux, & les travaux, les fatigues, les dangers auxquels je me ſuis voué, feront pour moi un ſujet de conſolation.

LETTRE XCVII.

De Mindanao.

JE viens d'achever, Madame, une traversée de deux cens lieues pour me rendre de Luçon à Mindanao; mais par combien d'inquiétudes & de terreurs ai-je acheté le bonheur d'y aborder? Trois jours après notre sortie de Cavite, qui sert de port à Manille, nous avons été accueillis par une tempête qui a duré quatre jours, & nous a présenté mille fois toutes les horreurs de la mort. Le vaisseau qui nous portoit est un vieux bâtiment, dont à force de radoubs on étoit parvenu à déguiser la foiblesse. Il étoit impossible qu'il résistât long-tems aux efforts des vagues & des vents. Aussi vers la fin du quatrième jour s'est-il désassemblé & ouvert, au point que les deux pompes qui ne furent abandonnées ni le jour ni la nuit pouvoient à peine suffire à vuider l'eau qui entroit de toutes parts. La grande vergue s'est rompue deux fois dans le milieu, & nos voiles ont été mises en pièces. J'ai vu trois matelots & deux esclaves emportés au loin dans la mer. Enfin le péril étoit devenu si pressant, qu'on résolut de soulager le vaisseau en jettant toutes les marchandises. Mais cette fatale nécessité a été l'occasion d'un autre désordre. Comme il falloit commencer par les coffres & les ballots qui s'offroient les premiers, il s'eſt élevé une ſi furieuſe querelle qu'on en eſt venu aux coups d'épée. Le Capitaine, quoiqu'appelé par d'autres ſoins, s'eſt vu contraint d'employer tous ſes efforts pour arrêter les plus furieux & leur faire mettre les fers aux pieds. Cette juſte ſévérité a rétabli le bon ordre, & tout l'équipage ayant travaillé de concert, nous avons vu la fin de la tempête avec quelque eſpérance d'arriver au lieu de notre deſtination, parce que nos travaux réunis avoient mis le navire en état d'achever le voyage. Un vent de mer auſſi paiſible que le précédent avoit été furieux, nous a pouſſés vers

Mindanao. Enfin nous voici arrivés, & je me hâte de vous rendre compte de l'accueil perfide que nous avons reçu du souverain de cette île. Car la domination des Espagnols ne s'étend point jusqu'ici : c'est un prince Mahométan qui y règne, & qui ne manque jamais de saisir l'occasion de nuire aux Européens, toutes les fois qu'il croit pouvoir le faire impunément.

Avant-hier, à peine étions-nous arrivés, qu'un de ses officiers vint à bord & mesura notre vaisseau. C'est un usage imité des Chinois, qui prennent toutes les dimensions des bâtimens, pour savoir exactement ce qu'ils peuvent contenir. Persuadé que la saison nous obligeroit de faire quelque séjour dans cette île, le Capitaine Espagnol s'est cru intéressé à ménager le Sultan & à souffrir l'exécution de ses ordres. Il lui fit même annoncer sa visite avec quelques présens; ma bonne fortune a voulu qu'il me fût permis d'assister à cette entrevue.

Nous fûmes conduits à la lumière des flambeaux jusqu'au palais, où nous trouvâmes le Monarque avec douze seigneurs de son conseil, assis sur de riches tapis. La conversation se fit en espagnol par l'entremise d'un interprête. Après les premiers complimens, il nous dit que notre vaisseau n'étoit pas en sûreté à l'embouchure de la rivière, à cause des vents d'ouest, qui doivent souffler bientôt avec la dernière violence. Il nous conseilla de nous approcher de la ville. L'avis en effet est utile. Nous savons que tous les ans, à l'époque de l'année où nous sommes, les vents d'ouest soufflent avec impétuosité; & que la rivière, qui s'enfle prodigieusement, amène de gros arbres flottans, dont on ne peut se garantir qu'avec de grands efforts. Mais nous savons aussi que, plus près de la ville, les eaux nourrissent des milliers de vers qui rongent & consument le bois. Rien n'est plus étonnant que la voracité de ces animaux; les habitans savent si bien ce qu'ils en ont à craindre, que chaque fois qu'ils reviennent de la mer, ils tirent leurs bâtimens à ſec, en brûlent le fond, & ne les remettent à flot qu'après les avoir ſoigneuſement réparés. Les vers, qui percent un vaiſſeau dans l'eau ſalée, meurent dans l'eau douce; & ceux d'eau douce périſſent dans l'eau ſalée: mais les uns & les autres multiplient à l'infini dans celle qui n'eſt ſalée qu'à moitié. En outre, on n'en trouve jamais fort loin en mer; ils ſont, ou dans les baies, ou dans l'embouchure des rivières, & toujours à peu de diſtance du rivage. Enfin les environs de Mindanao ſont de tous les rivages connus, celui où ces inſectes ſont à la fois & plus gros & plus voraces.

D'après la connoissance de ce phénomène d'histoire naturelle, il nous a été facile de juger l'invitation du Monarque Indien. Elle n'a eu pour but que de livrer notre vaisseau à ces vers rongeurs. Le Capitaine à son tour a pris le parti du déguisement. Sa réponse a été celle d'un homme pénétré de reconnoissance, & qui sous le prétexte plausible d'entretenir plus facilement, sur son bord, loin de la ville, l'obéissance & la discipline, demande la permission de garder son premier poste, sans s'effrayer des travaux auxquels il faudra que se livre l'équipage, lorsque les vents attendus tourmenteront la mer.

Telle est, Madame, l'histoire de

notre arrivée à Mindanao. Vous concevez ſans peine que nous ſommes condamnés à y ſéjourner dans une pénible défiance des intentions & des projets du ſouverain ſur nous. Cet état de gêne & de contrainte enchaînera néceſſairement les élans de ma curioſité. Il faudra que dans mes courſes différentes j'appelle toujours à ma défenſe une certaine inquiétude commandée par la prudence. La moindre indiſcrétion pourroit compromettre & ma liberté & peut-être ma vie. Mais j'ai déjà couru ſi ſouvent les mêmes haſards, & je ſuis ſi bien guidé par l'expérience, que je ne déſeſpère pas tout-à-fait de moi-même. Dès demain je reprendrai le cours de mes obſervations. Elles ne peuvent manquer d'intérêt : je parcours une île; & les inſulaires, par cela ſeul qu'ils vivent à demi ſéparés du reſte des hommes, ont toujours un caractère moins mêlangé & une phyſionomie de vices & de vertus plus fortement prononcée.

LETTRE XCVIII.

De Mindanao.

Il n'eſt pas néceſſaire, Madame, d'un long ſéjour dans cette île, pour ſaiſir dans les mœurs des Mindanayens quelques traits dignes d'une obſervation particulière. L'eſprit & les yeux les moins exercés à voir ſont d'abord frappés d'étonnement ; tout ce qui ſe préſente ici à la première vue eſt loin de tout ce qui s'offre ailleurs.

A peine notre vaiſſeau eut-il pris ſa ſtation, que nous vîmes voguer vers nous un grand nombre de barques chargées d'une foule d'inſulaires, qui tous, à l'envi l'un de l'autre, ſe diſputoient l'avantage de monter les premiers ſur notre bord. Ce fut à l'inſtant un mêlange confus de voix qui nous demandèrent officieuſement : *à qui faut-il un* CAMARADE, *ou une* PAGALI ? ils entendent par l'un un ami familier, & par l'autre une intime amie. J'étois alors auprès du Capitaine, qui déjà avoit fait trois fois ce même voyage ; c'eſt de ſa bouche même que j'appris que l'offre de chacun de ces insulaires étoit toujours payée de quelque présent par l'étranger à qui elle étoit adressée, soit qu'on l'acceptât ou qu'on la refusât. Il fallut donc me résoudre à payer la rétribution accoutumée, & j'en fus quitte pour quelques plumes d'un faisan de la Chine, après le don desquelles je me vis délivré de toute importunité. Le plus grand nombre de mes compagnons de voyage n'a fait le présent ordinaire qu'en signe d'acceptation, & dès ce moment toutes les fois qu'ils descendront dans l'île, ils seront bien reçus, chacun chez son camarade ou chez sa pagali : à la vérité chaque nouvelle visite doit être payée par un nouveau présent. C'est à ce prix que l'entrée de la maison est ouverte. On y mange, on y couche pour son argent, & l'unique faveur qu'on y obtienne gratis est le bétel qu'on n'épargne à personne; on espère sans doute que les esprits voluptueux de cette plante, en irritant dans chaque étranger le sentiment de la vie, le rameneront plus souvent chez ses amis & que de ces visites répétées s'augmenteront les revenus de la maison. Toutes les classes de la société fournissent des pagalis. La noblesse elle-même (car où ne retrouve-t-on pas cette institution, l'une des plus grandes injures que l'homme ait faites à l'homme?) la noblesse elle-même ne voit qu'un bien petit nombre de femmes dont elle est composée, se dispenser du rôle honteux de pagali. Je comprens sans peine que l'influence du climat agisse impérieusement sur elle. Cette puissance suffit pour expliquer souvent le désordre des mœurs : mais comment se fait-il que l'intérêt vienne s'y associer & pousse jusqu'au dernier degré de la dépravation cette dépravation générale ? Chez les peuples anciennement policés, où l'inégalité des fortunes est extrême, ou le desir de briller est commun à tous les états, afin de faire disparoître les marques extérieures de cette inégalité, qu'un vil intérêt se mêle quelquefois aux penchans corrompus de la nature, l'homme qui connoît le cœur humain trouve aisément le mot de cette énigme ; mais ici, l'amour de l'intérêt n'a pas le même aliment ; les fortunes sont presque toutes au niveau les unes des autres. Peu de chose suffit aux besoins de la vie, & la fécondité de la terre fournit sans peine à ces besoins. Vous voyez, Madame, que l'énigme est ici plus compliquée, & que pour l'expliquer, il me faudroit remonter à des causes qui vraisemblablement me resteront toujours inconnues ; à moins que vous n'adoptiez la pensée d'un Anglois qui a formé ici un riche établissement. Cet Européen, à qui j'ai été présenté & qui m'accueille avec cette bienveillance ordinaire à sa nation, attribue à la laideur extrême des Mindanayennes l'usage que je vous dénonce. En effet elles ont le nez si court & si plat entre les yeux, qu'on distingue à peine cette partie de leur visage. Leur front n'a pas non plus d'élévation sensible. La réunion de ces deux traits leur donne une physionomie difforme. Vous devez donc concevoir, me disoit ce Négociant philosophe, comment l'homme néglige ici la femme. Le cœur n'est jamais séduit, parce que l'œil n'est jamais enchanté. C'est cet enchantement qui parmi nous produit la jalousie, ou du moins le desir d'une préférence exclusive; au lieu que dans cette île ce n'eſt que momentanément que la femme eſt néceſſaire à l'homme. L'inſtant d'après, elle ceſſe d'être quelque choſe pour lui. Delà cet abandon qu'il en fait, & qui devient pour elle une liberté illimitée, dont elle uſe envers des étrangers, à qui le ſéjour de la mer a impoſé de longues privations, & qui, rendus indulgens par le ſentiment du beſoin, ne voient dans la femme que ſon ſexe.

Cependant ces mêmes inſulaires, ſi complaiſans envers les étrangers, ſe montrent plus difficiles les uns envers les autres. L'adultère eſt défendu entr'eux. La punition, il eſt vrai, n'en eſt pas rigoureuſe, elle n'en veut qu'à la bourſe. Après le le payement, qui eſt reglé par la ſentence des anciens, l'honneur eſt rendu à l'offenſé, qu'on oblige alors à reprendre ſa femme, & qui en effet la reprend ſans humeur.

Puiſque je me ſuis engagé à vous faire l'hiſtoire entière des mœurs de ce pays, ne vous effrayez pas, Madame, du récit d'une coutume barbare qui règnoit ici, il n'y a pas long-tems encore. On avoit créé des officiers publics, qu'on payoit fort chérement, pour ôter la virginité aux jeunes épouſées, parce que les maris refuſoient de prendre ce ſoin, comme un effort trop pénible pour eux. Il ne reſte maintenant aucune trace de cette infâme inſtitution. Cependant aujourd'hui même il eſt, m'a-t-on dit, plus d'un Mindanayen qui s'afflige de trouver ſa femme à l'épreuve du ſoupçon, parce qu'il en conclut que n'ayant été deſirée de perſonne, elle doit avoir quelque mauvaiſe qualité, qui l'empêchera d'être heureux avec elle.

A ces différens traits qui caractériſent les mœurs de cette île, j'ajouterai une loi plus ſage, & digne peut-être d'être adoptée en partie par les nations éclairées. Dans les clauſes préliminaires de tous les mariages, on a la prudence de prévoir la poſſibilité, ou du divorce, ou de la répudiation; & dans ce cas, comme c'eſt le mari, & non la femme, qui apporte une dot, on convient que la femme rendra une partie de cette dot, par forme de punition, ſoit de ſa mauvaiſe conduite, ſoit de ſa maladreſſe; car on eſt vivement perſuadé ici que la femme n'a beſoin que d'une volonté bien arrêtée pour fléchir & plier celle de l'homme le plus impérieux & le plus ſauvage; & cependant lorſque le divorce arrive, il n'entraîne après lui ſur la femme aucun déshonneur, pourvu que les conditions en aient été reglées. Il eſt aiſé de juger combien cette loi eſt favorable à la multiplicité des mariages; malheureuſement elle eſt contrariée par une coutume, qui condamne le mari à des dépenſes exceſſives le jour de ſes nôces. Les parens de l'accordée font payer au futur l'entrée de la maiſon, ce qui ſe nomme le *paſſava* ; enſuite la liberté de parler à ſa femme, ce qu'on appelle *patignog* ; puis celle de boire & de manger avec elle, liberté qu'on déſigne ſous le nom de *paſſalog* ; enfin, lorſqu'il veut uſer de tous les droits d'époux, il faut qu'il paye encore le *ghinapuang*, dont la valeur eſt toujours proportionnée à la condition des parens.

Les Mindanayens ont encore dans leurs mœurs quelque choſe qui doit, Madame, vous donner de l'eſtime pour eux. Née, comme moi, dans les provinces méridionales de la France, où le droit Romain qui nous régit, a conservé aux pères une partie de cette autorité sacrée qui leur fut donnée par la nature, & qui bien mieux que les coutumes de nos provinces septentrionales entretient la soumission & le bon ordre dans les familles, vous applaudirez à mes Insulaires pénétrés d'un respect & d'un amour religieux pour les auteurs de leur naissance. Les Chinois seuls de tous les peuples que j'ai déjà étudiés, l'emportent sur les Mindanayens, par cette espèce de culte que les enfans rendent à leurs pères. Mais peut-être aussi que les Chinois, ainsi que les anciens Romains, ont dépassé la borne, où la sagesse des loix doit arrêter l'autorité paternelle. Le droit de mort qui n'appartient certainement à aucun individu, & peut-être à aucune société, réside à la Chine entre les mains de tous les chefs de famille. Ici, la paternité est moins redoutable & n'en est pas moins respectée. Le père ordonne, & il est obéi, parce qu'on croit entendre parler, non le pouvoir, mais l'expérience, que vient fortifier encore dans les enfans l'habitude de la docilité autant que la voix de la reconnoissance.

Et delà peut-être est né dans cette île ce sentiment de vénération pour les morts, dont les témoignages se manifestent aisément aux yeux, même dans les conditions les plus pauvres. On revêt les cadavres d'un habit neuf ; on les couvre des plus belles toiles : on plante des arbres & des fleurs autour du ſépulchre, & l'on y brûle les plus doux parfums. Ces ſoins religieux ont, je ne ſais quoi de touchant & d'aimable, qui fait diſparoître ce que la mort a d'horrible. Que nous ſommes loin en Europe d'embellir ainſi la cérémonie des funérailles ! A peine la perſonne qui nous eſt la plus chère a-t-elle ceſſé de reſpirer, que nous en abandonnons les reſtes à des mains viles & merçenaires, chargées de les envelopper à la hâte des voiles les moins précieux, & au lieu de cette riante verdure & de ces belles fleurs dont les tombeaux ſe montrent ici parés, nos cimetières, par leur triste nudité, repoussent le cœur & les yeux, & répandent à l'entour une impression d'horreur, que la piété & la philosophie ont de la peine à surmonter. Aussi la perspective de la mort, loin d'être effrayante pour les Mindanayens, leur paroît si naturelle, qu'ils observent l'usage religieux de faire leur cercueil pendant leur vie & de l'exposer en vue dans leurs maisons, afin d'avoir sans cesse sous les yeux le souvenir du tribut que la race humaine doit à la mort. Cet usage, qui n'appartient à aucun autre peuple, se retrouve, vous le savez, Madame, chez les Religieux de l'Abbaye de Cîteaux connus sous le nom des pères de la Trappe : mais autant la pratique de cet usage est douce aux Mindanayens, autant elle est pénible & souvent affreuse aux Religieux de la Trappe. Oui, Madame, je vis il y a environ dix ans, sous les murs de ce sombre monastère, je vis, & mon ame en est encore navrée, une triste victime du repentir & du désespoir, traîner sa douleur sous la haire & le cilice : je la vis s'avancer sur le bord de sa fosse, & là, d'une main tremblante, prendre la bêche, & ôter une couche de cette terre, tous les jours arrosée de ses larmes. Oui, j'entendis, & je crois entendre encore sa voix gémissante maudire le jour & le serment sacré qui l'enchaînèrent vivant à la mort ; je l'entendis évoquer, du fond de sa fosse, cette mort qui lui paroissoit si douce, mais trop tardive. Ah! Madame, que cette voix descendit profondément dans mon ame! quelle impression de douleur, de pitié elle y grava! oh que la sensation que j'ai éprouvée à la vue de ce cercueil Mindanayen, est différente! Ici on voit la mort dans son jour, elle n'offre rien de terrible, rien de désespérant : en effet ce que nous dit, ce que nous apprend ce tombeau, la nature nous le répète tous les jours, tous les instans : l'homme doit subir le sort général de tous les êtres, il faut qu'il meure ; eh bien! cette idée, lorſqu'elle eſt toute nue, ne me paroît point effrayante. Concluons donc que la mort n'auroit jamais apparu ni hideuſe ni déſeſpérante, ſi l'imagination de l'homme & les inſtitutions ſociales n'avoient eu ſoin de la revêtir d'un caractère de triſteſſe & d'horreur.

LETTRE XCIX.

Il faut bien, Madame, que je vous diſe un mot de la capitale de l'île qui porte auſſi le nom de Mindanao. Sa ſituation eſt au midi de l'île à ſept degrés vingt minutes de latitude ſeptentrionale, ſur les bords d'une petite rivière qui n'eſt qu'à deux milles de la mer. Elle m'a paru peu peuplée; je n'ai vu que très-peu d'artiſans; les principaux ſont les orfèvres, les forgerons & les charpentiers, quoiqu'à peine y voit-on trois orfèvres; ils travaillent en or & en argent, & ne font que ce qu'on leur commande, mais ils le font bien; auſſi n'ont-ils point de boutiques, auſſi n'ont-ils point de marchandiſes à vendre. Les forgerons y travaillent le mieux poſſible, avec de très-mauvais outils. J'admire tant d'adreſſe avec ſi peu de moyens: ils n'ont point d'étau, point d'enclume; ils forgent ſur une pierre fort dure ou ſur un morceau de vieux canon; & cependant je vois ſortir de leurs mains des

des ouvrages achevés. Preſque tous les habitans ſont charpentiers : ils ſavent tous manier la hache droite & la hache courbe ; mais ils n'ont point de ſcie. Pour faire une planche, ils fendent l'arbre en deux, & de chaque moitié, ils forment une planche, qu'ils poliſſent avec la hache : ce travail eſt fort pénible ; mais le bois, conſervant tout ſon grain, eſt d'une ſolidité qui les dédommage & de la peine & des frais.

Vous concevez bien, Madame, que les Mindanayens, étant ſans commerce, ſans induſtrie, ſans invention pour les arts mécaniques, doivent néceſſairement vivre dans la pauvreté. Cependant ils trouvent de fort bon or, en creusant assez loin dans la terre ; ils en trouvent dans les rivières, en y faisant des fossés avant l'arrivée du flot. A la vérité il ne leur importe guère d'avoir des richesses ; ils ont si peu de besoins ! Leur nourriture ne consiste qu'en une petite dose de riz & dans quelques racines, comme leur habillement n'est qu'une simple veste, unie à un haut de chausse & à un turban qui couvre & pare leur tête. Je leur ai toujours vu les jambes & les pieds nûs. Les femmes portent les cheveux longs, noués & pendans par derrière. Leur robe n'est qu'une veste, comme celle des hommes, avec une juppe d'une seule pièce cousue par les deux bouts.

Nous allâmes dîner hier chez un vieux Seigneur Mindanayen. La forme de ſon hôtel, qui eſt bâti comme tous les hôtels de l'île, me parut bien extraordinaire : il eſt élevé ſur des piliers qui ont juſqu'à vingt pieds de hauteur. Auſſi n'y a-t-il qu'un étage diviſé en pluſieurs chambres, où nous montâmes de la rue, par des degrés ; mais quelle ſurpriſe fut la mienne, lorſque, dans la première chambre, je vis des canons montés ſur leurs affûts ! Le Seigneur, qui s'apperçut de mon étonnement, me dit que c'étoit l'uſage des Seigneurs de l'île, d'avoir, comme le Roi, de l'artillerie dans leurs hôtels. Nous fûmes introduits dans la ſalle à manger, où l'on avoit dressé autant de tables que nous étions de convives ; cet usage règne dans toutes ces îles, ainsi qu'à la Chine : on y mange, assis sur des sièges, mais ces sièges sont peu élevés ; c'est l'usage dans toutes les Philippines de ne jamais manger seul ; on veut du moins un convive. Un mari qui perd sa femme est servi pendant trois jours par des hommes vœufs ; les femmes, après la mort de leurs maris, reçoivent le même office de trois veuves. Les convives insulaires bûrent selon leur coutume beaucoup plus qu'ils ne mangèrent ; pour mes compagnons & moi, nous mangeâmes d'un appétit vraiment européen : à la vérité, je croyois dîner en Europe, car on nous ſervit des lapins dont l'île nourrit une quantité prodigieuſe. Au deſſert on voulut nous faire manger du Durion : c'eſt un fruit natif de Mindanao, & très-eſtimé ſur toute la côte des Indes. Il renferme trois ou quatre amandes, couvertes d'une ſubſtance molle & blanchâtre, avec un noyau ſemblable à celui des prunes, qu'on mange rôti comme nos marrons. Il eſt comme tous les autres fruits orientaux ; c'eſt-à-dire qu'il faut le cueillir pour le faire arriver à ſa maturité. On aſſure que l'arbre eſt très-lent à produire ; ſon adoleſcence eſt de vingt ans. A cet âge ſeulement il donne ſes premiers fruits. Vers la fin du repas, pour égayer la fête, arrivèrent des baladines qui dansoient en chantant. Leur musique & leurs danses ressemblent à celles des Chinois. Une baladine chantoit, & les autres répétoient les couplets au son d'un tambour de métal (c'est leur seul instrument de musique). A chaque refrain, je riois de leurs gestes grimaciers; elles étendoient un pied en avant, battoient des mains, & poussoient de grands cris. Leur danse ne me parut pas moins risible : elles dansèrent toujours terre à terre, ne remuant les pieds que pour tourner; & c'étoit toujours avec des inflexions de corps très-pénibles. Ces danses finies, les baladines disparurent tout-à-coup, & nous vîmes s'ouvrir un nouveau ſpectacle. Un homme armé de pied en cap s'avance dans la ſalle, pouſſe des cris menaçans, feint d'attaquer un ennemi inviſible, s'eſcrime du ſabre & de la lance, juſqu'à ce qu'il ait terraſſé ſon adverſaire. Ce combat fini, un autre champion parut & fit les mêmes bravades. Ordinairement les grands ſeigneurs de la cour jouent ce perſonnage, & ils s'en tiennent fort honorés. Le Roi, dit-on, n'aſſiſte jamais à un repas ſans le voir terminer par un pareil combat. Vous venez, Madame, d'entendre & de voir toute la muſique, toutes les danſes & tous les ſpectacles des Mindanayens. Ces inſulaires ſont la nation la plus belliqueuſe de toutes celles qui peuplent les Philippines ; ils font uſage, comme les habitans de Borneo, de la ſarbacane, avec laquelle, par la ſeule force du ſouffle, ils lancent de petites flèches empoiſonnées qui cauſent infailliblement la mort, ſi le remède n'eſt appliqué ſur le champ. L'expérience a fait connoître que l'excrément humain eſt le plus ſûr topique.

LETTRE C.

De Xolo.

IL y a trois jours qu'à la première apparence du beau tems, nous quittâmes Mindanao. A trente lieues de cette île, vers le ſud-eſt, nous avons rencontré celle de Xolo. Vous ne concevez pas le mouvement, l'agitation & le tumulte qui animent les bords de cette île : le commerce y forme un ſpectacle vivant. C'eſt un flux & reflux continuel de navires Mores, qui ne ceſſent d'exporter & d'importer des marchandiſes. Ce rendez-vous de tout ce qu'il y a de marchands ou de trafiquans dans les

Philippines fait juſtement nommer Xolo, la foire de toutes les îles voiſines.

Xolo eſt la ſeule des Philippines qui offre des éléphans : ils y ſont extrêmement multipliés, parce que les inſulaires n'ont pas, comme dans la plus grande partie des Indes, l'uſage d'apprivoiſer ces animaux. On y trouve des chèvres ſauvages, dont la peau n'eſt pas moins mouchetée que celle des tigres. On les apperçoit par grouppes ſuſpendues au penchant des montagnes, tantôt grimper ſur la cîme & tantôt ſe précipiter hardiment dans le creux des vallons. L'oiſeau le plus remarquable eſt celui qui porte le nom de l'île : c'eſt le Xolin; il eſt de la grosseur d'une grive, de couleur noire & cendrée. Sa tête, au lieu de plumes, est parée d'une espèce de couronne ou de crête de chair. Son plumage est varié de gris, de verd, de rouge, & de blanc, avec une tache d'un rouge vif au milieu de l'estomac; ce qui distingue surtout le Xolin, c'est le pourpre éclatant de son bec & ses pieds. Il bâtit son nid sur les rochers qui bordent la mer & le suspend au rocher même, à-peu-près comme l'hirondelle attache le sien aux murailles. Ces nids passent pour un mets délicieux à la Chine & dans toutes les Indes. Nos insulaires les connoissent aussi sous le nom de Salangan.

Parmi les fruits de Xolo, le plus

renommé eſt l'eſpèce de pomme que les Eſpagnols ont nommée le fruit du Roi, parce qu'elle n'eſt cultivée que dans ſon jardin. Sa groſſeur eſt celle d'une pomme commune, & ſa couleur le diſpute au plus beau pourpre. Ses pepins blancs, de la groſſeur d'une gouſſe d'ail, ſont revêtus d'une écorce auſſi épaiſſe que le cuir. J'eus la curioſité d'en goûter, & le goût m'en parut très-agréable. Dans cette île l'appétit, dit-on, n'eſt jamais malade : une herbe nommée *ubosbamban* a la vertu de l'exciter.

Il faut, Madame, que je vous rappelle la manière dont les Eſpagnols ſe rendirent maîtres du fort *Dilligan* ſitué non loin de Xolo, dans la province de Dapitan. Les gardes du fort ſaiſis d'une crainte puérile, en voyant les Eſpagnols, l'épée au côté, manger du biſcuit, & fumer du tabac, les prirent pour des monſtres redoutables, qui avoient une queue, qui mangeoient des pierres & qui vomiſſoient de la fumée. Cette terreur panique glaça leur courage, les déſarma, les précipita aux genoux des Eſpagnols, & arracha de leur bouche le ſerment de fidélité & de ſoumiſſion, qu'ils ont toujours gardé avec une ſorte de ſuperſtition.

Convenons que ces Eſpagnols, s'ils n'ont pas été le peuple de l'Europe le plus laborieux, ont été, du moins, des conquérans bien heureux. Et certes, c'eſt une manière de conquérir douce & commode que celle de manger du biſcuit & de fumer du tabac !

Plût-à-Dieu qu'ils euſſent employé la même manière dans la conquête du nouveau continent. Et pourquoi remplir un monde entier du ſang de ſes habitans ! pourquoi abuſer lâchement de l'innocente ſimplicité de ces pauvres inſulaires ? C'étoit par la douceur, par l'humanité, par tout ce que la pitié inſpire de confiance qu'il falloit combattre ; ces armes leur auroient aſſuré une domination plus prompte, plus douce & bien chère à tous les peuples éclairés. Vainement l'Eſpagne voudroit-elle effacer ce ſang innocent des faſtes de l'hiſtoire ; l'hiſtoire en ſera toujours rougie.

Au reſte les Eſpagnols ont des relations à Xolo, mais point d'établiſſement.

Me voilà, Madame, prêt à ſortir de Xolo pour pourſuivre ma courſe dans les différentes îles que les Philippines offrent encore à mes obſervations.

LETTRE CI.

De Zébu.

LE plus sûr moyen, Madame, de connoître l'intérieur du pays, est de s'attacher à quelque Missionnaire. Un de ces pères m'ayant permis de l'accompagner, nous primes notre route vers le sud-est, où nous ne tardâmes pas à découvrir l'île de Paragua, & à y débarquer. Une partie appartient au roi d'Espagne, & l'autre au Roi de Bornéo. Ces deux Monarques y ont chacun un gouverneur, qui, lorsqu'ils traitent ensemble de quelques affaires, terminent leur conférence d'une manière bien singulière. Le Gouverneur de Bornéo tire de ſon bras une goutte de ſang qu'il met dans un verre de vin & le préſente à boire au Gouverneur Eſpagnol, pour cimenter leur amitié : celui-ci le boit, ſe tire du ſang à ſon tour & le préſente de même. J'ai vu à Paragua, même parmi les chrétiens, une autre coutume barbare que les Miſſionnaires n'ont jamais pu abolir : ſi un enfant vient au monde, aveugle, boiteux, eſtropié, ou avec quelque partie maléficiée, qui l'empêche de travailler, ils l'enferment tout vivant dans le tronc d'un arbre, & l'enterrent ainſi, comme inutile à ſes parens & à la ſociété.

Quand nous quittâmes l'île de

Paragua, les Calamianes se présentèrent au nord-ouest ; les îles de Cuyo font partie du même gouvernement. Panay est une des plus peuplées des Philippines. L'agilité des sauvages qui habitent ces montagnes, est si grande, qu'ils prennent à la course les sangliers & les cerfs, qui s'y trouvent en nombre prodigieux. Ils les mangent tout cruds ; rangés autour de l'animal, ils s'acharnent à leur proie comme des vautours.

Les Espagnols assurent que lorsqu'il tonne dans cette île, au lieu de foudre, il y tombe de petites croix de pierres d'un verd noirâtre, auxquelles ils attribuent de grandes vertus : j'en ai vu entre leurs mains

& j'ai ri de leur crédulité ; ce sont de petites pierres qu'on a taillées dans cette forme, & dont les prêtres & les moines tâchent de tirer profit. C'est ainsi que dans tous les tems & dans tous les lieux on a vu les ministres des autels envelopper leur fourberie & leur avarice d'un voile mystérieux. Autrefois l'île de Tanay étoit noire de Jésuites ; aujourd'hui on y voit des Augustins ; ceux-ci ont aussi pénétré dans l'île des nègres voisine de celle de Zébu, où nous abordâmes au sortir de Panay.

C'est dans l'île de Zébu, que le fameux Magellan & les officiers Espagnols ses compagnons furent massacrés par les Indiens. Cet habile navigateur, après avoir fait la découverte des Philippines, aborda dans cette île. Ce fut la première qui le reçut. Le Roi du pays qui n'avoit d'autre vue que de l'engager à prendre sa défense contre quelques petits princes voisins, lui fit l'accueil le plus gracieux, l'environna de caresses & poussa la complaisance jusqu'à embrasser le christianisme. Mais lorsqu'il eut vaincu ses ennemis, & qu'il n'eut plus besoin du secours des Espagnols, il forma la noire résolution de faire périr des hôtes que leur puissance rendoit redoutables : il invita à un grand festin Magellan & plusieurs officiers de sa flotte, & les fit tous égorger à la fin du repas.

Avant de terminer ma lettre, je vous parlerai d'une plante fameuſe que les îles de Lexte & de Samar produiſent ſous le nom de fruit ou de fêve de ſaint Ignace. Les Jéſuites qui en ont fait la découverte lui ont donné cette dénomination : voici ce que mon Miſſionnaire m'en a appris : cette plante naît en arbriſ-ſeau comme le lierre & s'attache à quelque arbre voiſin ; ſes fleurs reſſemblent à celles du grenadier, & ſon fruit qui eſt quelquefois de la groſſeur du melon, eſt couvert d'une peau unie & bleuâtre. Il renferme environ douze noyaux, ou pepins, de la groſſeur d'une noi-ſette, verds & jaunes. Ces pepins dans leur maturité tombent d'eux-mêmes; ils ſont d'une forme triangulaire, durs & acides. De ces pepins broyés & mêlés dans l'eau ou dans le vin, on tire un puiſſant antidote contre pluſieurs poiſons, & un remède admirable, dit-on, contre pluſieurs maladies. Les Hollandois de Batavia, qui en avoient quelque connoiſſance, payoient d'abord une piſtole pour un de ces fruits. Les Eſpagnols, dont la crédulité eſt ſuperſtitieuſe, racontent de cette plante les choſes les plus ſingulières : ils prétendent que lorſqu'on en porte ſur ſoi, non-ſeulement on n'eſt point incommodé du poiſon le plus ſubtil, mais que le poiſon nuiroit même à celui qui voudroit le donner. Au reſte, Madame, je ne vous donne pour garant de cette vertu que la crédulité Eſpagnole, & à vous dire vrai, cette caution me paroît ſuſpecte; cependant je viens d'entendre raconter à mon Miſſionnaire, à qui je dois bien des obſervations, le fait ſuivant: deux Indiens, m'a-t-il dit, étoient venus dans mon jardin, avec la réſolution bien arrêtée de m'empoiſonner; heureuſement j'avois dans ma poche quelques noyaux de cet antidote: à mon approche, je vois les deux Indiens tomber en foibleſſe; frappé de ce triſte accident, je m'informe de ſa cauſe, & on me répond qu'on a trouvé, dans les poches de ces Indiens, des plantes vénéneuſes: je ne doutai point alors qu'ils n'en euſſent été eux-mêmes les victimes, par la vertu de la plante merveilleuſe que j'avois heureuſement ſur moi.

Telle eſt l'anecdote que j'ai appriſe : j'avoue qu'il faut de la foi pour y croire ; ce qui me paroît bien ſurprenant, c'eſt que ce Miſſionnaire n'ait pas eu recours à un miracle pour expliquer ce châtiment.

Quoi qu'il en ſoit, il eſt très-certain que la fêve de ſaint Ignace fait vomir le poiſon qu'on auroit avalé, qu'elle eſt ſouveraine contre les coliques, les maladies d'entrailles, les diarrhées, les maux d'eſtomac, les fièvres opiniâtres, & les accouchemens pénibles.

Vous

Vous venez, Madame, de voir tout ce que les Philippines offrent de remarquable & de particulier à chaque île; il me reste à vous donner un apperçu général des loix qui les gouvernent, de la religion qui les dirige, & des productions qui les enrichissent.

LETTRE CII.

Vous savez, Madame, que trois sortes de nations peuplent ces îles, les Montagnards originaires de ces contrées, les différentes colonies Indiennes, & les Espagnols qui en ont fait la conquête.

Ces derniers ont gardé leur manière de vivre européenne. A l'égard des montagnards ils vivent à-peu-près comme les animaux, en bandes ſauvages & vagabondes, ſans aucune eſpèce de religion : la ſeule trace de culte que les Miſſionnaires aient pu découvrir parmi ces hordes errantes, eſt une pierre ronde, & un tronc d'arbre pour lequel elles marquent une ſorte de vénération.

Quant aux colonies Indiennes qui habitent ces îles, j'ai obſervé qu'elles ne laiſſoient pas de ſe gouverner par leurs propres loix, bien qu'elles aient toutes ſubi le joug des Eſpagnols. Avant que ces conquérans euſſent pénétré dans les Philippines, les Indiens jouiſſoient de la plus riche portion de ces îles. Les premières colonies ſe divisèrent en petits états, & chaque petit état portoit le nom de *Barangué*, qui ſignifie Barque : apparemment que les premières familles y étant venues dans une barque, elles étoient demeurées ſoumiſes aux capitaines qui étoient peut-être les chefs des familles ; & ce titre s'étoit conſervé.

Toutes les affaires ſont jugées par le chef du Barangué, aſſiſté du conſeil des anciens. Dans les cauſes civiles, on appelle les parties, on écoute, on balance les raiſons, & les droits reſpectifs, on s'efforce toujours de les accommoder amiablement ; ſi la tranſaction n'eſt pas accueillie, on leur fait jurer de s'en tenir à la ſentence du Juge; après quoi, on reçoit la dépoſition des témoins ; ſi les preuves ſont égales & équivalentes, on partage le différent ; ſi l'un des prétendans ſe plaint, le juge s'attribue la moitié de l'objet conteſté, le reſte ſe diviſe entre la partie & les témoins.

Vous voyez, Madame, que la juſtice civile eſt ici ſimple & naturelle; il n'eſt pas néceſſaire d'avoir de grandes & profondes connoiſſances de juriſprudence pour juger; le code de la nature eſt le code que ſuivent ces Indiens, & voilà ce qui rend la juſtice ſi clairvoyante, ſi uniforme dans ſa marche.

L'Europe avec toutes ſes lumières n'a créé qu'une juſtice toujours revêtue de ces formes ténébreuses, qui ne font qu'entraîner les misérables plaideurs dans les obscurs dédales de la chicane. Rarement leur ouvre-t-elle un sentier sûr & uniforme : aussi de quelles erreurs ne remplit-elle pas tous les jours ses tribunaux !

Il est surprenant que parmi un peuple, où la justice civile est si simple & si douce, la justice criminelle soit aussi vicieuse & aussi barbare : elle est, j'ai peine à vous le dire, purement vénale : si le coupable est pauvre, & manque d'argent pour satisfaire la partie offensée, le chef & les principaux du Barangué l'attachent à un pilier & le font mourir à coups de lances. Si le mort eſt un des notables, toute la parenté fait la guerre à celle du meurtrier, juſqu'au jour où quelque médiateur propoſe pour dédommagement une certaine quantité d'or, dont la moitié ſe donne aux pauvres, & l'autre à la femme, aux enfans ou aux parens du défunt.

A l'égard du vol, ſi le coupable n'eſt pas connu, on oblige toutes les perſonnes ſuſpectes de mettre quelque choſe ſous un drap, dans l'eſpérance que la crainte portera le voleur à profiter d'une ſi belle occaſion, pour reſtituer ſans honte; mais ſi rien ne ſe retrouve par cette voie, les accuſés ont deux manières de ſe juſtifier. Ils ſe rangent ſur le bord de quelque profonde rivière, une pique à la main, & chacun eſt obligé de s'y jetter. Celui qui ſort le premier de l'eau, eſt déclaré coupable, d'où il arrive que pluſieurs ſe noient, dans la crainte du châtiment.

Une ſeconde épreuve conſiſte à prendre une pierre au fond d'un baſſin d'eau bouillante ; celui qui refuſe, paie l'équivalent du vol. Vous voyez, Madame, que cette manière d'information, doit le plus ſouvent confondre l'innocence avec le crime : le crime eſt ſouvent déterminé, ſouvent audacieux, tandis que l'innocence eſt foible & timide.

Avant que le fier Eſpagnol eût

donné des fers à tous ces peuples, la nobleſſe, parmi eux, étoit ce qu'elle devroit être par-tout, perſonnelle. On l'acquéroit par l'induſtrie, ou par la force, c'eſt-à-dire, par une grande ſupériorité dans quelque profeſſion. Ceux qui ſe ſignaloient par quelque action d'éclat traçoient ſur leur peau différentes marques; les hommes ſe les imprimoient ſur tout le corps; les femmes ne ſe peignoient qu'une main entière, & une partie de l'autre. Ni les uns, ni les autres n'avoient la liberté de ſe peindre ainſi tout d'un coup. Ces figures ne ſe traçoient que par degrés & à meſure que l'on ſe ſignaloit par de belles actions.

Cet uſage eſt encore en vigueur dans quelques parties de ces îles. Il ſeroit à ſouhaiter que dans tous les lieux on accordât à la vertu & aux talens des marques honorables & diſtinctives ; ſi l'amour de la gloire ne crée pas toujours les talens & la vertu, du moins il donne de l'énergie & du courage.

Autrefois ces Indiens ne connoiſſoient que l'agriculture, la pêche, ou la chaſſe ; depuis qu'ils vivent ſous les loix Eſpagnoles, ils végètent dans la pareſſe. Les travaux champêtres ont été abandonnés à des mains ſerviles & mercenaires ; les arts de luxe qui en ont pris la place, ont amolli les hommes ; on leur voit faire de beaux ouvrages de cannes, de petites pièces d'orfèvrerie très-délicates, comme des chaînes, des chapelets d'or. Les femmes montrent une adreſſe admirable pour les broderies en ſoie & les dentelles, qui diſputent de beauté à nos dentelles de Flandres.

Quant à la religion des inſulaires naturels, & des premières colonies Indiennes, rien n'a pu nous l'apprendre. Les ſeules lumières que ces peuples en ont, leur ſont venues par une eſpèce de tradition dans des chanſons qui vantent la généalogie & les faits héroïques de leurs dieux. On ſait qu'ils en avoient un, pour lequel ils montroient un reſpect ſingulier, nommé dans les chanſons tagales *Barhala - May-*

capal, c'eſt-à-dire, *dieu-fabricateur.* Ils adoroient, comme les habitans idolâtres des îles de l'Inde, les animaux, les oiſeaux, le ſoleil, & la lune. Point de rocher, point de cap, point de rivière, qu'ils n'honoraſſent par des ſacrifices, ni ſur-tout point de vieil arbre, auquel ils ne rendiſſent quelques honneurs divins. C'étoit un grand & très-grand ſacrilège de le couper. Cette ſuperſtition n'eſt pas tout-à-fait détruite : rien n'engagera un inſulaire à abattre certains vieux arbres ; il ſe perſuade que les ames de ſes ancêtres y font leur réſidence.

Vous concevez combien cette crédulité leur rend vénérable la vieillesse des fôrets. Ceux qui ont le bonheur de posséder une ame sensible doivent, sans doute, sous l'ombrage de ces arbres antiques, se promener avec une volupté religieuse. Qu'il doit être doux à leur imagination de rassembler autour d'eux, de voir, d'embrasser ces ayeux, ces pères si chers à leurs cœurs ! Qu'il doit être doux aux enfans d'apprendre de la bouche de leurs pères que ces arbres chargés de siècles, ces arbres hospitaliers ont vu naître leurs premiers pères, les ont vu mourir, & ont recueilli leurs ames ! Avec quel doux intérêt & quelle tendre confiance ils doivent s'adresser à ces manes chéris, les interroger sur leur

vie

vies, sur tous les tems passés, même sur l'avenir !

J'avoue que ce sont des illusions, mais ces illusions ont peut-être la douceur de la réalité. Oui, Madame, je vous en fais l'aveu : mon imagination voudroit embrasser cette erreur. Combien, dans mes promenades, au milieu des bois solitaires, j'aimerois à me retrouver en présence de mon vénérable père ! Quelle jouissance pour moi de me croire dans ses bras, de me le figurer me répétant ces leçons de vertu qu'il donnoit à mon enfance ! Qu'il me seroit doux de lui dire mon respect, ma reconnoissance, mon amour, & de l'assurer qu'il vit aussi dans le cœur de son fils !

Vous aimez trop à vous attendrir, Madame, pour ne pas me pardonner ces élans de piété filiale; c'eſt un beſoin que je partage avec tous les hommes ſenſibles, qui ont eu le malheur de voir mourir leur dieu ſur la terre, leur père.

Ce reſpect que les Indiens portent à leurs arbres ne m'a point ſurpris; je me ſouviens que les Gaulois élevoient leur vénération pour le chêne, juſqu'à l'adoration : ils le prenoient pour dieu, ou du moins pour l'habitation de dieu.

Nul être créé en effet ne pouvoit leur donner une image plus ſenſible de l'éternité de l'être incréé, qu'un arbre dont l'exiſtence ſe prolonge au-delà de pluſieurs ſiècles. C'eſt la penſée d'un de nos poëtes modernes :

Des dieux toujours vivans noble & frappante image (*).

Mais l'idée que nos ayeux avoient du chêne n'étoit que grande & majeſtueuſe : ce roi des forêts fut pour eux ce que Jupiter fut pour les Grecs, c'eſt-à-dire, un dieu fier & impoſant, qui commandoit la crainte, plutôt que la reconnoiſſance & l'amour.

J'aime bien mieux le culte que nos Indiens adreſſent à leurs arbres; c'eſt un hommage de piété filiale; ils voient leurs arbres, comme autant de génies tutélaires, comme

(*) Les Mois, Chant X.

chaque famille de l'antiquité voyoit ses pénates.

Ici finissent mes observations sur les mœurs des Philippines ; il est temps de vous occuper du climat & des diverses productions que j'ai remarquées dans ces îles.

LETTRE CIII.

Vous ne concevez pas, Madame, la chaleur & l'humidité qui règnent à la fois dans toutes les Philippines. L'humidité vient du grand nombre de rivières, des lacs, des étangs & des pluies abondantes qui tombent pendant la plus grande partie de l'année. J'ai observé avec surprise que dans le mois de Mai la chaleur ſe fait ſentir avec plus de force qu'en aucun autre tems de l'année ; auſſi voit-on ſouvent pendant la nuit des pluies épouvantables accompagnées de tonnerre & d'éclairs. On remarque comme un autre phénomène particulier aux Philippines, que les orages y commencent par la pluie & les éclairs, & que le tonnerre ne s'y fait entendre qu'après la pluie.

Pendant les mois de Juin, de Juillet, d'Août & une partie de Septembre, règnent ici les vents du ſud & de l'oueſt. Bientôt arrivent de ſi grandes pluies, & des tempêtes ſi violentes, que toutes les campagnes ſe trouvent inondées : les habitans, pour communiquer entr'eux, n'ont d'autre reſſource, que de petites barques. Depuis Octobre juſqu'au milieu de Décembre, c'eſt le vent du nord qui ſouffle, pour faire place enſuite juſqu'au mois de Mai, à ceux d'eſt & d'eſt-ſud-eſt. Ces vents réglés ou périodiques qui ſoufflent, pendant ſix mois, d'un côté, & pendant ſix mois, du côté oppoſé, ſe nomment *mouſſons*. Les Anglois les appellent à juſte titre vents de commerce; car ces vents, qui règnent ſur les autres mers des Indes, comme ſur celle des Philippines, ſont très-favorables aux commerçans. Ainſi les mers de ces îles ont deux *mouſſons*, l'une sèche & belle que les Eſpagnols nomment *briſe*, l'autre humide & orageuſe, qu'ils appellent *vandaral*. Lorſque ces vents viennent à changer, on éprouve plusieurs jours & quelquefois un mois ou deux de calme ou de tempêtes dangereuſes. J'ai remarqué avec un grand plaiſir que dans ce climat, les Européens ne ſont pas ſujets à la vermine, quelle que ſoit la ſaleté de leurs habits & de leurs chemiſes : tandis que les Indiens en ſont couverts. J'avoue que je n'ai pu m'empêcher d'entr'ouvrir ma bouche à un petit ſourire moqueur, lorſque j'ai apperçu quelquefois ces ſales inſectes ſur le riche vêtement des grands Seigneurs, tandis que mon humble habit de voyageur en étoit reſpecté.

Dans ces îles, la neige n'est pas plus connue que la glace ; aussi n'y boit-on jamais de liqueur froide, à moins, que sans aucun égard pour sa santé, on ne se serve de salpêtre pour rafraîchir l'eau. L'avantage d'un continuel équinoxe fait qu'on ne change jamais l'heure du repas, ni celle des affaires ; on ne prend point d'habits différens, & l'on n'en porte de drap que pour se garantir de la pluie.

Ce mêlange de chaleur & d'humidité ne rend pas l'air fort sain. Il retarde la digestion ; il incommode les jeunes Européens, plus que les vieillards : mais aussi les alimens y sont légers. Le pain ordinaire, n'étant que de riz, a moins de ſubſtance que celui de l'Europe. Les palmiers, qui croiſſent en abondance dans une terre humide, fourniſſent l'huile, le vinaigre, & le vin : on a le choix de toutes ſortes de viandes ; les riches ſe nourriſſent de gibier le matin, & de poiſſon le ſoir. Une autre cauſe de la mauvaiſe qualité de l'air, c'eſt la roſée ; on en voit tomber dans les jours les plus ſereins ; elle eſt ſi abondante qu'en ſecouant un arbre, j'ai été auſſi mouillé que ſi j'euſſe éprouvé une forte pluie. Cependant cette roſée n'incommode point les habitans naturels : ils vivent quatre-vingt & même cent ans ; mais la plupart des Européens s'en trouvent fort mal.

La fécondité du climat des Philippines ſe fait aiſément reconnoître à la propagation des animaux ; on voit naître un ſi grand nombre de buffles ſauvages, qu'un bon chaſſeur en peut tuer vingt à coups de lances, dans l'eſpace d'un jour. Les Eſpagnols ne les tuent que pour en prendre la peau, & les Indiens en mangent la chair. Le nombre des cerfs, des ſangliers & des chèvres qui peuplent les fôrets, eſt ſurprenant. On n'a pas manqué de faire paſſer dans ces îles des chevaux & des vaches de la nouvelle Eſpagne; les vallons en ſont couverts : mais l'exceſſive humidité de la terre ne permet pas d'y élever des moutons; la nature les a créés trop foibles pour vivre ſous un pareil climat.

Les ſinges habitent ordinairement dans les montagnes ; ils ſont d'une grandeur ſi monſtrueuſe, & en ſi grand nombre, que je les prenois pour des hordes de ſauvages. Lorſqu'ils ne trouvent plus de fruit dans leurs retraites, on les voit par bandes deſcendre ſur le rivage de la mer ; là, ils ſe nourriſſent d'huîtres & de crabes. Entre pluſieurs eſpèces d'huîtres, on en diſtingue une qu'on appelle *taclow*, du poids de pluſieurs livres ; ordinairement elles ſont entr'ouvertes. Les ſinges qui craignent qu'elles ne leur attrapent la patte en ſe refermant, commencent par y jetter une pierre qui empêche les écailles de ſe rejoindre, & les mangent alors ſans crainte. Ils ne ſont pas moins adroits à prendre les crabes, ils mettent leur queue entre les pinces de ces cruſtacées, pour les enlever tout d'un coup, quand elles commencent à ſe ſerrer.

Ces ſinges, d'une pénétration & d'une hardieſſe inconcevable, diſputent d'eſprit & d'intelligence avec les Indiens; ils ſe plaiſent à leur faire la guerre, & la font ſi adroitement que ſouvent les inſulaires n'ont pas la victoire. Un de ces animaux étoit ſi vieux & ſi exercé, qu'il faiſoit de ſa patte une eſpèce de lorgnette, pour voir les objets éloignés. Un autre, lorſqu'il vouloit changer de place, portoit sa natte sous son bras, pour s'asseoir.

Un Missionnaire me racontoit très-sérieusement que dans l'île de Mindoro, on voyoit des hommes qui avoient une queue au bas du dos, comme les bêtes. J'admirai dans le silence cette crédulité apostolique ; & je me contentai de penser que ces hommes à queue n'étoient que des singes qu'on prenoit pour des êtres humains.

Deux autres animaux fort communs aux Philippines, sont la civette & le taguan ; l'un & l'autre ont beaucoup de ressemblance avec le chat. La civette porte sous la queue, dans une petite bourse, un parfum assez recherché. C'est une matière onctueuse dont le poids l'incommode tellement qu'elle se traîne tous les mois contre terre, pour rompre la vessie qui le contient. Le taguan a des aîles comme la chauve-souris, mais couvertes de poil ; il s'en sert pour sauter d'arbre en arbre, à une distance assez considérable. J'ai vu un autre animal non moins singulier : on le nomme mango. Il a la grandeur & la queue d'une souris, mais sa tête a deux fois la grosseur de son corps, avec de longs poils sur le museau. L'Iguana se trouve aux Philippines comme en Amérique. Sa figure est presque celle du crocodile ; mais il a la peau rougeâtre, parsemée de taches jaunes, la langue fendue en deux, les pieds ronds & doublés de corne. Les Indiens & les Eſpagnols mangent ſa chair & lui trouvent le goût de celle des tortues.

De l'humidité combinée avec la fermentation continuelle de la chaleur, naiſſent dans toutes ces îles, des ſerpens d'une grandeur extraordinaire. Celui qu'on nomme ibitin, ſe tient pendu par la queue au tronc d'un arbre; là, il attend de voir paſſer des cerfs, des ſangliers, & même des hommes dont il fait ſa proie. Il eſt ſi gros, ſi long, qu'il les dévore tout entiers; & après les avoir dévorés, il preſſe ſon ventre contre l'arbre pour les digérer. Un autre ſerpent, nommé aſſagua paroît plus gourmand; il ne fait la guerre qu'à la volaille. Les bobas ſont les plus grands de tous les ſerpens; ils ont quelquefois trente pieds de longueur.

Ici les mers nourriſſent toutes les eſpèces de poiſſons connus; de ſi grandes huîtres, qu'on ſe ſert de leurs écailles pour abreuver les buffles, & faire de très-beaux ouvrages; des tortues excellentes; des raies d'une grandeur extraordinaire; des baleines énormes; des chevaux marins ſans pieds. Je n'oublierai point le drouyon: les Eſpagnols le nomment *peſie-muger*, ou poiſſon-femme; il a en effet le ſexe & les mamelles d'une femme; on ne connoît point le mâle de ſon eſpèce.

Ses os étanchent le ſang & guériſſent le rhume.

Les crocodiles ſont les plus redoutables ennemis des inſulaires par leur nombre & leur voracité. Ils rempliſſent toutes les rivières ; les femelles pondent juſqu'à cinquante œufs, & c'eſt toujours ſur le rivage qu'elles les dépoſent. Mais elles ſont elles-mêmes, (choſe bien ſurprenante) deſtructrices de leur propre eſpèce ; lorſque les petits doivent éclore, elles ſe mettent dans l'endroit par où ils paſſent, les avalent l'un après l'autre & n'épargnent que ceux à qui le haſard ouvre un autre chemin. C'eſt peut-être la ſeule eſpèce de femelles ſi inacceſſible à l'amour maternel. Quelques

Philoſophes vous diront que la nature toujours ſage & prévoyante dans ſes vues ſe ſert de ce cruel moyen pour diminuer la multiplication de ces animaux, & que non contente de ce frein, elle en emploie un autre bien plus extraordinaire, pour arrêter leurs ravages; elle leur a refuſé un conduit pour les excrémens, ce qui les oblige à vomir le réſidu de la digeſtion : par ce moyen la nourriture faiſant un long ſéjour dans leur eſtomac, les empêche de reſſentir ſouvent la faim, ſans quoi il en coûteroit tous les jours aux îles un grand nombre d'hommes & de beſtiaux. Il eſt bien ſurprenant, que les naturaliſtes, en parlant du crocodile, ne faſſent aucune mention d'un fait aussi extraordinaire.

Les Indiens, pour en diminuer encore l'espèce, sont continuellement en guerre ouverte. Il s'en trouve parmi eux qui ont assez de courage pour attaquer seul un crocodile, souvent de la grosseur d'un bœuf. Quand un Indien veut combattre un de ces monstres, il s'arme le bras gauche jusqu'au coude d'un gantelet, tient de la même main un bâton long d'un pied, & pointu par les deux bouts, prend de l'autre un poignard, & entre ainsi dans la rivière jusqu'à la ceinture. Dès que le crocodile voit venir son ennemi, il redresse toute la masse de son corps, fend le volume des eaux avec un bruïssement épouvantable, & la gueule ouverte, s'avance vers l'Indien pour l'engloutir. Aussi-tôt celui-ci, d'une main lui enfonce le bâton dans la gueule, & de l'autre lui lance tant de coups de poignard, que le monstre tout meurtri, s'épuise de sang, & tombe mort.

Si nous passons aux oiseaux, vous en verrez de toutes les espèces; l'herrero, dont le bec est si dur, qu'il perce les troncs des plus grands arbres, pour y faire son nid; il le creuse avec tant de bruit, que les Espagnols l'ont nommé forgeron; le *colocolo*, qui nage sous l'eau avec autant de vîtesse qu'il vole dans l'air, & dont les aîles sont si serrées qu'elles deviennent sèches, sitôt qu'il les a secouées hors de l'eau. Il a un bec si fort qu'il prend & enlève toute sorte de poissons. Vous verrez sur-tout le *tavon*, oiseau remarquable tant à cause de ses qualités particulières, que parce qu'on n'en voit que dans ces îles. Il a la grosseur d'une poule, le col & les pieds longs, & le plumage noir ; il fait dans les terres sabloneuses, ses œufs, qui sont gros comme des œufs d'oie, & ne contiennent presque point de blanc, quand ils sont cuits, mais beaucoup de jaune. Ce qu'il y a de surprenant, c'est qu'après que les petits sont éclos, on trouve dans les coquilles le jaune entier sans aucun blanc, & alors ils ne ſont pas moins bons à manger qu'auparavant ; d'où je conclus qu'il n'eſt pas toujours vrai que le germe ſoit dans le jaune des œufs. On rôtit les petits quoique ſans plumes, ils ſont auſſi bons que les meilleurs pigeons. J'ai vu ſouvent ſervir, dans le même plat, la chair des petits & le jaune de l'œuf. Je n'ai pas vu ſans ſurpriſe la manière dont la femelle couve ſes œufs : elle les raſſemble juſqu'au nombre de quarante ou cinqante, dans une petite foſſe qu'elle couvre de ſable, & dont la chaleur de l'air fait une eſpèce de fourneau. Lorſque les petits ont la force de ſecouer la coque, & d'ouvrir le ſable pour en ſortir, elle fait pluſieurs fois le tour du nid, les appelle en glouſſant de toute ſa force, & vient ſe percher ſur quelque arbre voiſin. Ces petits nouveaux nés excités par la voix maternelle que la nature leur apprend auſſi-tôt à connoître, font avec leurs petites pattes tant d'efforts, tant de mouvemens, qu'ils parviennent enfin à briſer la coque, à s'ouvrir un trou à travers le ſable, & à ſe rendre en famille autour de la mère, qui les reçoit avec des careſſes.

Ici on voit un peuple de *volanos*, de *cacatois*, de *perroquets* & de *paons*, qui ne ſont ni moins ſuperbes, ni moins orgueilleux que ceux de notre Europe. Au lieu de faiſans, de perdrix, les montagnes nourriſſent des cailles plus petites que les nôtres, mais d'un goût excellent, des poules nommées camboies, qui ont les pieds ſi courts que leurs aîles touchent la terre, des coqs au contraire à pieds très-longs, & qui ne cèdent en rien aux coqs d'Inde.

C'eſt ici ſur-tout que le règne végétal déploie toutes ſes richeſſes: ici l'*ébène* noir, le *balayon* rouge, l'*aſana* ou le *naga* dont on fait des vaſes qui prêtent à l'eau une couleur bleue, & qui la rendent plus ſaine; le *calinga* qui jette une odeur fort douce, & dont l'écorce eſt aromatique; le *tiga* dont le bois eſt ſi dur qu'il ne peut être ſcié qu'avec la ſcie à l'eau, comme le le marbre, nommé pour cette raiſon l'arbre de fer, & tant d'autres grands arbres, qui ſerviront également à la conſtruction des vaiſſeaux & des maiſons, naiſſent en foule & vieilliſſent, toujours verds, ſur la tête des montagnes. Les forêts ſont ſi épaiſſes & ſi ombreuſes, que la difficulté d'y pénétrer ne permet pas aux inſulaires de connoître toutes les richeſſes que la main de la nature y jette. On diſtingue pluſieurs eſpèces d'arbres qui croiſſent autant pour l'utilité que pour le plaiſir & qu'on range toutes dans la claſſe des palmiers. La première & la principale fournit de pain toutes les îles. Les uns la nomment Yoro, les autres Landau : une autre eſpèce nommée

Sasa & *Nipa* donne du vin & du vinaigre : son fruit ressemble aux dattes ; mais il n'arrive point à sa maturité : les insulaires coupent la branche, aussi-tôt qu'ils voient paroître la fleur, dont quelquefois ils tirent dix pintes de liqueur dans une seule nuit. L'écorce du *calinga*, espèce de canelle, sert à le préparer & l'empêche d'aigrir. La dernière espèce, nommée l'*yonota*, fournit une sorte de laine dont on fait des matelas, des oreillers & du chanvre noir pour les cables de navires. Cette laine & ce chanvre s'élèvent en s'embrassant autour du tronc de l'arbre. Il n'est point de palmiers dont les feuilles ne puissent servir à couvrir des maisons, ou à faire des chapeaux, des nattes, des voiles pour les navires, & d'autres ouvrages utiles. Ce n'étoit pas donc ſans raiſon que Pline, le père des naturaliſtes, diſoit, il y a ſeize cens ans & plus, que le palmier eſt l'arbre le plus hoſpitalier ; que les pauvres y trouvent de quoi manger, boire, ſe vêtir & ſe loger.

J'ai entendu parler, Madame, d'un phénomène, auprès duquel tous les prodiges de la féerie ne ſont rien : dans ces îles, dit-on, les feuilles de certains arbres n'arrivent à leur maturité que pour ſe transformer en animaux vivans, ſe détacher des branches, & voler en l'air, ſans perdre la couleur des feuilles : le corps ſe forme des fibres les plus dures ; la tête est à l'endroit par où la feuille tenoit à l'arbre, & la queue à l'autre extrémité. Les fibres de côté forment les pieds, & le reste se change en aîle. J'aurois bien voulu être témoin oculaire de cette singulière métamorphose ; mais il faut vous contenter, ainsi que moi, Madame, de l'assurance que nous en donne la crédulité de plusieurs voyageurs.

L'arbre qui produit la casse, est si multiplié que pendant les mois de Juin & de Mai, les insulaires en nourrissent leurs troupeaux. Les *tamarins* ou plutôt les *sampales*, dont le fruit se nomme tamarin, si connus en Europe par leur vertu purgative, n'y ſont pas moins communs ; aucun fruit européen ni les figues, ni les grenades, ni le raiſin muſcat ne mûriſſent dans ces îles ; il ſemble que la terre ſi riche de ſa propre fécondité, refuſe ſon ſein & ſes ſucs aux productions étrangères.

Parmi les plus beaux fruits, on compte le *ſantor*, de la figure & de la couleur d'une pêche, d'une écorce fort douce, dont on fait d'excellentes confitures dans un pays où le quintal de ſucre ne vaut pas un écu ; on compte le *mabol* plus gros que le ſantor, mais cotonneux & de la couleur de l'orange.

L'arbre qu'on nomme *azimir* eſt

remarquable par ſes fruits ; ils pendent en grappes, comme nos raiſins, & récèlent une liqueur d'un goût excellent. Ici, ſur les montagnes, les ſauvages & les chaſſeurs ne craignent jamais de mourir de ſoif : elles nourriſſent une très-nombreuſe famille de cannes à ſucre. La plus remarquable eſt cette eſpèce de canne connue dans ces îles, ſous le nom de *manbou*, & en Europe, vous le ſavez, ſous celui de *bambou*. Elle croît au milieu des bois, embraſſe les arbres voiſins, comme le lierre, & s'élève en rampant juſqu'à leur cîme. Ce roſeau eſt tout hériſſé d'épines ; lorſqu'on le coupe il en ſort autant d'eau claire & ſucrée, qu'il en faut pour étancher la soif la plus ardente.

Mais comment ne point parler de toutes les précieuses racines, qui nourrissent la plupart des sauvages? C'est ici qu'il faut chercher les camotes, espèce de grosses raves qui flattent l'odorat comme le goût; les glabis, dont les insulaires font une sorte de pain; l'ubis aussi gros qu'une courge; les xicamas, la salade de tous les insulaires; les carottes sauvages, qui ont le goût des poires, & le taylan, qui a celui des patates.

Ici les fleurs n'offrent point un coloris brillant, mais dans leur simplicité, elles le disputent aux plus belles fleurs, pour les parfums. On ne donne aucun ſoin à leur culture, la nature ſeule en fait tous les frais. Les *zampaga*, qui ſont les plus renommées; le *ſolaſi*, le *locolo*, qui ont l'odeur du gérofle; la fleur qui porte les trois noms de *balanoi*, de *torougil*, & de *damoro*; le *daſo*, qui jette une odeur aromatique juſques dans la racine; le *cablin* plus odorant lorſqu'il eſt ſec, qu'il ne l'eſt ſur ſa tige; le *gingembre*, & le *langeovas*, eſpèce encore plus chaude, peuplent & embaument tous les champs.

Point d'îles au monde qui nourriſſent autant d'herbes médicinales que les Philippines. Elles croiſſent en abondance dans les champs, ſur les montagnes, dans les bois, dans les marais, dans les lieux ſtériles, & ſur les côtes de la mer : il ſuffit de les connoître, pour avoir fait un cours de botanique. Celles qui ſe trouvent en Europe, ont aux Philippines les mêmes vertus dans un degré fort ſupérieur ; mais on vante plus celles qui ſont propres au terrein & au climat.

Les mêmes qualités de l'air qui produiſent beaucoup d'animaux venimeux dans ces îles, y font croître quantité d'herbes, de fleurs, & de racines également dangereuſes. Quelques-unes portent un venin ſi ſubtil, que non-ſeulement elles font mourir ceux qui ont le malheur d'y toucher, mais qu'elles infectent l'air aux environs, juſqu'à répandre une contagion mortelle lorſqu'elles ſont en fleur. Mais, d'un autre côté, on trouve dans ces même lieux d'excellens contre-poiſons. Il me ſuffira de vous parler du *camandag*; cet arbre eſt ſi vénéneux que ſes feuilles mêmes ſont mortelles, la liqueur qui diſtille de ſon tronc ſert aux inſulaires pour empoiſonner la pointe de leurs flèches. L'ombre ſeule de l'arbre fait périr l'herbe aux environs; s'il eſt tranſplanté, il détruit tous les arbres voiſins, à l'exception d'un petit arbriſſeau, qui eſt ſon contre-poiſon, & qui l'accompagne toujours. Les voyageurs qui veulent paſſer dans ces déſerts, ont ſoin de porter dans la bouche un petit morceau de bois, ou une feuille de cet arbrisseau pour se garantir de la pernicieuse vertu du *camandag*.

Le maca-bubay, dont le nom signifie ce qui donne la vie, est une espèce de lierre de la grosseur du doigt, qui croît autour d'un arbre. Il produit quelques filets dont les insulaires font des bracelets, qu'ils portent comme un antidote contre toutes sortes de poisons. L'arbre de ce nom aime à croître parmi les bâtimens, les pénètre de ses racines, & les mine sourdement, jusqu'à les renverser.

Je n'oublierai pas, Madame, les plantes sensitives, elles intéressent trop ma curiosité, pour ne pas en parler : je les vois, comme l'image fidèle de cette timide pudeur qui, dans votre sexe, appelle d'autant plus les regards, qu'elle veut les fuir.

On admire ici une sensitive, découverte par un soldat de la côte d'Ibabao, qui voulant la prendre s'apperçut qu'elle fuyoit sa main, & se retiroit sous l'eau de la mer, d'où elle reparoissoit peu-à-peu, à mesure qu'il reculoit quelques pas en arrière.

Celle que les Espagnols ont nommée *verguenzosa*, ou la honteuse, croît sur les collines de saint Pierre, proche de Manille. Elle est d'une sensibilité très-mobile ; à quelque heure & quelque légèrement que

que je l'aie touchée, je l'ai vue ſe retirer, fermer très-modeſtement ſes feuilles, & reſter voilée de ſa pudeur.

En ce moment je me ſuis ſouvenu des vers que l'auteur du poëme des Mois a imaginés ſur cette plante ; je les ai dits à mes compagnons, vous ſerez peut-être bien aiſe que je vous les diſe auſſi.

.... Quelle autre fleur ai-je vu s'embellir?
Sa modeſte beauté m'invite à la cueillir.
J'approche ; elle me fuit : dieux, quel eſt ce preſtige?
Je cherchois une fleur, je ne vois qu'une tige.
Interdit & confus, je m'éloigne à regret,
Et la fleur raſſurée à l'inſtant reparoît.
Ah! je te reconnois, ô tendre ſenſitive,
Seule, parmi les fleurs, devant l'homme craintive.
....

C'eſt la dernière lettre, que je vous adreſſe des Philippines, nous voilà bientôt prêts à partir pour les îles Marianes, où je reprendrai le cours de mes obſervations.

LETTRE CIV.

De Zébu.

Nous allions, Madame, continuer notre courſe, lorſque le haſard a fait venir à nous un voyageur de la bourgade de l'île de *Samar*, la dernière & la plus méridionale des *Pintados*. Il vient d'y voir vingt-neuf *Palaos*, c'eſt le nom qu'on donne aux habitans des îles nouvellement découvertes, & connues ſous le même nom. D'abord j'ai conçu le projet d'aller moi-même visiter ces îles ; mais ce voyageur m'a répondu que je ferois sagement d'y renoncer, à cause des écueils qui environnent ces îles, où tous les vaisseaux qui veulent y aborder vont se briser. Je me contenterai donc de vous rapporter fidèlement tout ce qu'il m'a assuré avoir vu lui-même, & appris de quelques naufragés réfugiés dans l'île de Samar : « Les vents, m'a-t-il dit, » qui règnent sur ces » mers depuis le mois de Décembre » jusqu'au mois de Mai, les avoient » jetés à trois cens lieues de leurs » îles, dans la baie de cette bour- » gade, qui se nomme Guivam. Ils » s'étoient embarqués, dans leur pa- » trie, sur deux pirogues, au nom-

» bre de trente-cinq, pour passer
» dans une île voisine. Un vent im-
» pétueux les avoit emportés en
» haute mer. Tous leurs efforts
» n'ayant pu les rapprocher de terre,
» ils avoient vogué au gré des vents,
» pendant soixante-dix jours, avec
» si peu de provisions, qu'ils avoient
» souffert long-tems la faim & la
» soif. Enfin après avoir été long-
» tems battus de la tempête, ils
» s'étoient trouvés à la vue de l'île
» de Samar: un *Guivamois* qui étoit
» alors sur le bord de la mer, les
» apperçut; jugeant à la forme de
» leurs bâtimens qu'ils étoient étran-
» gers, il les exhorta par des signes
» à passer par le canal qu'il leur
» montroit, pour éviter des bancs

» de ſable, & des écueils ſur leſ- » quels ils alloient échouer. Ces » malheureux, effrayés de voir un » inconnu, s'efforçoient de retourner » vers la haute mer ; mais le vent » ne ceſſoit pas de les repouſſer au » rivage. Alors le *Guivamois* touché » de compaſſion pour leur perte, » qu'il voyoit infaillible, ſe jette » à la mer, & ne balance pas à » s'avancer à la nage vers l'une des » deux barques, pour s'en faire le » pilote. Ces pauvres inſulaires ex- » pliquèrent mal ſes intentions. Dans » leurs craintes & leurs défiances, » les hommes & même les femmes, » chargés de leurs petits enfans, s'é- » toient jetés au milieu des flots pour » gagner l'autre barque. Le Gui-

» vamois monta dans celle qu'ils » avoient abandonnée, les ſuivit, » juſqu'à l'autre, & les ſauva malgré » gré eux, en les conduiſant au » port. Ils ſe croyoient priſonniers » & eſclaves, mais tous les habi- » tans du bourg dont la plupart » étoient chrétiens, les reçurent » avec beaucoup d'humanité. Ces » inſulaires étoient dans la plus » grande ſurpriſe, de recevoir un » accueil & un traitement qui étoient » ſi loin de leurs idées & de leurs » eſpérances. On s'empreſſa d'appai- » ſer leur faim, on leur fit manger » des cocos; mais lorſqu'on leur » préſenta du riz, cuit à l'eau, qui » eſt la nourriture de toute l'Aſie, » ils le regardèrent avec admira-

» tion; & prenant les grains pour » des vermiſſeaux, ils refusèrent » d'y toucher. Rien ne flatta tant » leur goût que les groſſes racines, » ſur-tout celles qu'on nomme *ſa-* » *lavans*.

» On avoit fait venir d'un autre » bourg de l'île, deux femmes des » mêmes îles *Palaos*, que les vents » avoient jetées autrefois ſur la » même côte. Celles-ci les recon- » nurent auſſi-tôt à leur langage, ſe » firent reconnoître pour habitantes » des mêmes îles; alors je les vis » tous pleurer de joie & de tendreſſe; » c'étoit vraiment une ſcène atten- » driſſante.

» Les reſpects qu'ils avoient vu » rendre au miſſionnaire du bourg,

» leur avoient fait juger qu'il étoit » le maître du pays, & que leur » vie étoit entre ses mains. Ils s'é- » toient jetés à terre pour implorer » sa miséricorde, & lui demander la » vie. Bientôt sa compassion pour » leurs peines, ses caresses pour leurs » enfans, & ses promesses de bon- » heur, leur inspirerènt de la con- » fiance; il les avoit distribués tous » dans les maisons des habitans, » avec ordre de leur fournir des » habits & des vivres; mais il » avoit voulu qu'on ne séparât point » ceux qui étoient mariés, & qu'on » n'en prît pas moins de deux en- » semble, dans la crainte de causer » trop de chagrin à ceux qui se » verroient seuls.

» De trente-cinq qu'ils étoient à » leur départ, il n'en restoit plus » que trente. La faim & les incommodités d'une longue navigation » en avoient fait mourir cinq pendant » le voyage, & quelques jours après » leur arrivée un autre mourut subitement.

» Ces îles *Palaos*, (poursuivit le voyageur dont je vous répète les observations) » sont au nombre » de trente-deux; il y a beaucoup » d'apparence, dit-il, qu'elles sont » plus au midi que les îles *Marianes*, » vers onze ou douze degrés de » latitude septentrionale, & sous » le même parallèle que *Guivam*, » puisque ces étrangers venus, de » l'est à l'ouest, avoient abordé

» au rivage de cette bourgade. Le » missionnaire se persuade aussi que » c'est une de ces îles qu'on avoit » découvertes de loin quelques an- » nées auparavant. Un vaisseau des » Philippines ayant quitté la route » ordinaire, qui est de l'est à l'ouest » sous le troisième parallèle, & » s'étant un peu écarté du sud-ouest, » l'apperçut pour la première fois. » Les uns la nommèrent *Caroline*, » du nom de Charles II, roi d'Es- » pagne, & d'autres l'île de Saint- » Barnabé, parce qu'elle fut décou- » verte le jour de cette fête. Depuis » moins d'un an, elle avoit été vue » d'un autre vaisseau, que la tem- » pête avoit fait changer de route, » en allant de Manille aux Marianes.

» Le gouverneur des Philippines » avoit donné ordre au vaiſſeau, » qui fait preſque tous les ans cette » route, de chercher la même île » & d'autres, qu'on n'en croit pas » éloignées. Mais toutes ces recher-» ches avoient été ſans ſuccès.

» Il n'y a pas long-tems même, » qu'un miſſionnaire tenta la même » entrepriſe ; il partit de Manille » avec l'élite de la jeuneſſe du pays ; » le troiſième jour de la navigation, » le vaiſſeau fut briſé par une vio-» lente tempête, & tous périrent à » la réſerve de deux Indiens, & » d'un Eſpagnol, qui échappèrent » du naufrage, pour en porter la » triſte nouvelle à Manille ».

Ici le voyageur finiſſoit ſon récit,

lorſque je lui ai demandé, s'il n'avoit pu faire des obſervations ſur les mœurs, les coutumes des habitans des îles *Palaos*. Il m'a répondu que puiſque j'étois curieux de les apprendre, il alloit me communiquer tout ce qu'il avoit entendu de la bouche même de ces réfugiés.

« Ces étrangers, a-t-il ajouté, » m'ont aſſuré que de leurs trente-» deux îles, trois ne ſont habitées » que par des oiſeaux, mais que » toutes les autres ſont extrême-» ment peuplées. Quand on leur » demandoit quel peut être le » nombre des habitans, ils mon-» troient un monceau de ſable, » pour marquer que la multitude » en eſt innombrable. *Lamurec* qui

» est la plus considérable de leurs » îles, est celle où le roi tient sa » cour, les autres lui sont toutes » soumises. Ce qui étoit bien remar- » quable, c'est que parmi ces trente » étrangers il y avoit un des princi- » paux Seigneurs du pays, avec sa » femme qui étoit fille du roi. Quoi- » qu'ils fussent à demi-nûs, la plu- » part avoient un air de grandeur, » & des manières qui marquoient la » distinction de leur naissance. Le » Seigneur avoit tout le corps peint » de certaines lignes, dont l'arran- » gement formoit diverses figures. » Les autres hommes avoient aussi » quelques-unes de ces lignes, mais » les femmes & les enfans n'en » avoient aucune. Par le tour & la

» couleur du visage, ils ont quelque
» ressemblance avec les insulaires
» des Philippines : mais les hommes
» n'avoient d'autre habit qu'une es-
» pèce de ceinture qui leur couvrant
» & les reins & les cuisses, se replioit
» plusieurs fois autour de leurs
» corps. Ils avoient sur les épaules,
» plus d'une aune & demie de grosse
» toile, dont ils se faisoient une
» sorte de capuchon, qu'ils lioient
» par-devant, & qu'ils laissoient
» pendre négligemment par-derrière.
» Les femmes étoient vêtues de mê-
» me, à l'exception d'un linge qui
» leur descendoit un peu plus bas,
» de la ceinture sur les genoux. Les
» hommes & les femmes laissent
» également croître leurs cheveux

» qui leur tombent ſur les épaules.
» Lorſqu'ils vouloient paroître avec
» un peu d'avantage, ils ſe pei-
» gnoient le corps d'une couleur
» jaune, dont ils connoiſſoient tous
» la préparation. La plus diſtinguée
» de leurs femmes avoit pluſieurs
» anneaux & pluſieurs colliers, les
» uns d'écaille de tortue, les autres
» d'une matière inconnue aux miſ-
» ſionnaires, qui reſſemble aſſez à de
» l'ambre gris. Avec moins d'em-
» bonpoint que les habitans des
» îles Marianes, ils ſont bien pro-
» portionnés & de la même taille que
» les Philippinois. Loin d'être ſtu-
» pides ou peſans, ils ont beaucoup
» de vivacité. Cependant toute leur
» vie paroiſſoit animale, c'eſt-à-dire

» uniquement bornée au ſoin de » boire & de manger. Ils n'ont pas » d'heure reglée pour les repas. La » faim & la ſoif les déterminent, » lorſqu'ils trouvent de quoi ſe ſa» tisfaire ; mais ils mangent peu » chaque fois, & leur plus grand » repas ne ſuffit point pour le cours » d'une journée.

» Ces inſulaires n'ont pas de va» ches dans leurs îles. Ils parurent » effrayés, lorſqu'ils en virent quel» ques-unes qui broutoient l'herbe ; » ils n'ont pas non plus de chiens : » je les vis ſe tremouſſer, lorſqu'ils » entendirent pour la première fois, » dans la maiſon du miſſionnaire, » aboyer un petit barbet. Ils n'ont » ni chats, ni cerfs, ni chevaux, ni

» généralement aucun quadrupède.
» Ils ont des poules, dont ils se
» nourrissent, mais ils n'en mangent
» point les œufs.

» Leur langue n'a rien de sem-
» blable à celle des Philippines, ni
» même à celle des îles Marianes.
» Leur manière de prononcer appro-
» che de l'accent des Arabes. On ne
» s'est point apperçu qu'ils eussent
» aucune connoissance de la divi-
» nité, ni qu'ils adorassent les idoles.
» Mais ces trente naufragés n'ont
» pas tardé à se faire baptiser. Le
» missionnaire a employé pour les
» gagner des moyens bien sûrs : c'est
» en les environnant de bontés,
» d'amitiés & de soins, qu'il les a
» conquis au christianisme. Ce qui

» confirme bien l'opinion de ces
» Philosophes, qui pensent que les
» religions sont nées de la recon-
» noissance. Si le soleil n'avoit pas
» échauffé les humains, ni fécondé
» la terre, jamais Phébus n'auroit
» vu élever des autels en son hon-
» neur; & Cybèle n'auroit point eu
» les adorations des premiers labou-
» reurs, si la terre leur avoit refusé
» les fruits de leurs travaux.

» Leur civilité, ou la marque de
» leur respect, consiste à prendre,
» suivant qu'ils sont assis ou debout,
» la main ou le pied de celui au-
» quel ils veulent faire honneur, &
» à s'en caresser doucement le vi-
» sage.

» Ils ne paroissent pas avoir une

» grande connoiſſance des arts & » métiers. Je vis ſeulement, parmi » leurs petits meubles, quelques » ſcies d'écailles, qu'ils aiguiſoient » en les frottant ſur des pierres. » Leur étonnement parut extrême, » à l'aſpect d'un vaiſſeau marchand » qu'on conſtruiſoit à *Guivam* : » tout ce bois, tout ce fer, tous » ces inſtrumens de charpente les » rendoient ſtupides d'étonnement & » les retenoient éloignés; mais bien- » tôt je les vis de la ſurpriſe paſſer à » la curioſité, s'approcher de près, » regarder ſucceſſivement, & manier » avec admiration tous ces outils. » Les métaux ne ſont pas connus » dans leurs pays. Le miſſionnaire, » toujours attentif à leur donner des

» marques d'amitié, leur fit présent » à chacun d'un assez gros morceau » de fer ; ils marquèrent plus de joie » que s'ils eussent reçu la même » quantité d'or. Dans la crainte de » perdre ce présent, ils le mettoient » sous leur tête pendant la nuit.

» Leur caractère m'a paru bon & » pacifique, les institutions sociales » ne l'ont pas encore altéré. Leurs » querelles se terminent par quel- » ques coups de poing, qu'ils se » donnent sur la tête ; & ces vio- » lences mêmes sont d'autant plus » rares, qu'à la moindre apparence » de colère, leurs amis s'entremettent » pour terminer le différend. Ils n'ont » d'autres armes que des lances & des » traits garnis d'ossemens humains ».

Vous venez d'apprendre, Madame, tout ce qu'il y a de connu de ces nouvelles îles ; vous voyez que leurs habitans sont encore très-peu civilisés ; leurs mœurs, leurs usages, & leurs manières offrent au voyageur Philosophe un tableau de comparaison des biens & des maux que les hommes trouvent dans l'état naturel & social.

LETTRE CV.

De Guahan.

A Peine, Madame, nous fûmes partis des Philippines, qu'il s'éleva un vent si favorable que nous abordâmes en peu de jours à *Guahan*, la plus grande & la plus méridionale des îles *Marianes*. Elles forment toutes ensemble une chaîne qui s'étend du sud au nord, sur une ligne droite; elles sont renfermées entre le tropique du cancer & la ligne équinoxiale vers l'extrémité de la mer Pacifique, à près de quatre cens lieues des Philippines; & dans cette position elles occupent environ cent cinquante lieues de mer, depuis *Guahan*, qui en est la plus grande, jusqu'à *Urac*, qui est la plus voisine du tropique.

Magellan fut le premier qui les découvrit, en 1521 : il les nomma îles *des Larrons*, parce que les insulaires voloient aux Espagnols tous les instrumens & morceaux de fer qu'ils pouvoient attrapper, & alloient les cacher dans les bois. On les nomma ensuite îles de *Las-Velas*, ou îles des voiles, à cause de la multitude des petits bâtimens qui venoient à voiles déployées au-devant des navires de l'Europe. Elles ont perdu ce nom, pour recevoir celui d'îles Marianes, en l'honneur de la Reine d'Espagne, Marie-Anne d'Autriche, femme de

Philippe IV, & mère de Charles II, roi d'Espagne.

Michel Lopez en prit possession pour cette couronne en 1565, c'est-à-dire quarante-quatre ans après leur découverte ; mais n'y trouvant pas toutes les commodités qu'il desiroit, il n'y fit pas un long séjour : après avoir traité fort humainement les insulaires, il alla faire la conquête des Philippines, qui attirèrent tous ses soins ; les îles Marianes furent négligées & même oubliées jusqu'à ce que le zèle des missionnaires en réveillât l'idée. Un célèbre Jésuite nommé le père *de Sanvitores* excita la Reine, veuve de Philippe IV, à faire répandre dans ces régions les lumières

lumières de l'évangile: cette princesse, qui gouvernoit alors l'Espagne en qualité de Régente, envoya des ordres au gouverneur de Manille. Les Espagnols se rendirent facilement maîtres de l'île de Guahan: ils y introduisirent les missionnaires, & par degrés ils soumirent toutes ces îles au joug de la nation Espagnole & de l'évangile. C'est à cette époque, qu'elles prirent le nom de *Marianes*. Leurs nouveaux maîtres bâtirent un fort à Guahan, & les Jésuites deux collèges pour l'instruction des jeunes personnes de l'un & de l'autre sexe.

En général, quoique ces îles soient sous la zône torride, le ciel y est fort serein, l'air fort pur &

la chaleur toujours tempérée. Les montagnes chargées d'arbres, presque toujours verds, & coupées par un grand nombre de ruisseaux qui descendent dans les vallées & dans les plaines, rendent le pays fort agréable. Elles sont assez peuplées; on compte plus de trente mille habitans dans la seule île de Guahan. On lui donne environ quarante lieues de tour : elle est fertile & bien arrosée. Ses ports qui sont très-bien bâtis & fort commodes fournissent de l'eau douce en abondance. Mais le port d'*Agadna* est le plus beau & le mieux construit de tous.

Les édifices, quoique bâtis de terre (le pays ne fournit point de pierre) ne ſont pas ſans agrémens. On fait entrer dans leur conſtruction le cocotier, le palmier & le bois nommé *maria*, particulier à ces îles. Chaque maiſon eſt compoſée de quatre appartemens, ſéparés par des cloiſons de feuilles de palmier entrelacées en forme de natte. Le toît eſt de la même matière. Ces appartemens ſont très-propres & deſtinés chacun à un uſage particulier : on couche dans le premier, on mange dans le ſecond, le troiſième ſert à garder les fruits & les autres proviſions, & le quatrième eſt réſervé au travail.

Toutes ces îles ſont remplies de villages & de hameaux répandus dans les plaines, ſur les montagnes,

& dans les vallons; ces chaumières couvertes d'un léger feuillage, ces grouppes de petits insulaires qui folâtrent à l'entour, ces tapis de verdure qui s'étendent sur les côteaux & dans les champs, cette chaîne immense de montagnes qui tantôt s'élèvent & s'allongent en amphithéâtres, & tantôt s'abaissent & disparoissent sous l'horison, réjouissent & étonnent l'œil de l'observateur.

Les *Marianes* sont en général plus agréables qu'utiles aux Espagnols; elles leur sont même à charge, par les frais que nécessite l'entretien des colonies; mais elles sont un entrepôt commode pour les navires qui vont de la nouvelle Espagne à Manille : après un voyage de plusieurs mois dans la mer du sud, où l'on ne rencontre aucune terre, ils y trouvent heureusement du repos & des rafraîchissemens : ils y ont introduit le riz & les légumes ; ils y ont porté des chevaux, des vaches & des porcs, qui ont assez heureusement multiplié dans les montagnes. Avant leur arrivée, on ne connoissoit dans ces îles que les poules & les fruits indigènes.

Le fond du terroir est rougeâtre & d'une aridité qui ne l'empêche pas d'être fertile. Les arbres y sont moins grands, moins épais, mais non moins productifs que ceux des Philippines. Les *pommes* de pin, les *melons* d'eau, les *melons* musqués, les *oranges*, les *citrons* & les noix de *cocos* y croissent en abondance. Mais un fruit merveilleux & particulier à ces îles est le *rima*, ou fruit à pain, ainsi nommé parce qu'il tient lieu de pain aux insulaires, & qu'il est très-nourrissant. La plante qui le produit a la tête large & touffue & les feuilles noirâtres. Le fruit a la figure d'une pomme, & la grosseur d'une tête humaine. Il est enveloppé d'une forte écorce hérissée de pointes, & de la couleur d'une datte. Sa chair est aussi blanche & aussi molle que la mie du meilleur pain; elle a le goût & la saveur de la figue. On la mange bouillie ou cuite au four;

dans cet état elle ſe conſerve cinq à ſix mois; mais fraîche, elle ne peut être gardée plus de vingt-quatre heures, ſans devenir sèche & de mauvais goût; du reſte elle eſt très-agréable avant que d'être raſſiſe. Ce fruit ne ſe trouve que dans ces îles, & ne peut croître que dans leur terroir.

Voilà, Madame, ce qui concerne les Marianes; un autre s'arrêteroit bien plus aux productions territoriales, & à tout ce qui regarde la nature phyſique. Mais vous ſavez que ma plus grande étude roule ordinairement ſur la nature morale. Nous allons donc quitter ces îles, pour obſerver leurs habitans, les conſidérer dans leurs mœurs, leurs manières, leurs uſages, leurs loix & leurs travaux : vous y reconnoîtrez une phyſionomie bien caractériſtique, & qui n'a aucuns traits de reſſemblance avec les divers peuples que vous avez vus juſqu'ici.

LETTRE CVI.

De Guaham.

ON ignore, Madame, dans quel tems les Marianes ont été peuplées & de quel pays leurs habitans tirent leur origine : cependant leurs inclinations qui reſſemblent à celles des Japonois, les préjugés de leur nobleſſe qui n'eſt ni moins fière ni moins hautaine que la Japonnoiſe, font juger qu'ils peuvent être venus de ces grandes îles, d'autant plus qu'ils n'en ſont éloignés que de ſix à ſept journées. D'autres ſe perſuadent néanmoins qu'ils ſont ſortis des Philippines, & des îles voiſines, parce que la couleur de leur viſage, leur langue, leurs coutumes & la forme de leur gouvernement, ont beaucoup de rapport avec ce qu'on a obſervé des Tagales, anciens habitans des Philippines. Peut-être viennent-ils des uns & des autres, & leurs îles ſe ſont-elles peuplées par quelque naufrage des Japonois & des Tagales, que la tempête aura jetés ſur leurs côtes.

Les Marianois ſont tous baſanés, comme le ſont tous les peuples de la zone torride; mais leur teint eſt d'un brun plus clair que celui des Philippinois; ils sont plus robustes que les Européens. Leur taille est haute & bien proportionnée. Quoiqu'ils ne se nourrissent que de légumes, de racines, de fruits & de poissons, ils ont tant d'embonpoint, qu'ils en paroissent enflés ; mais cette obésité, ordinairement lourde & onéreuse, n'ôte rien à leur souplesse & à leur agilité. Rien n'est moins rare parmi eux que de vivre cent ans. J'en ai vu, & j'avois peine à me le persuader, qui ont passé leur centième année, & qui cependant ne paroissent pas au-dessus de leur cinquantième. La plupart arrivent à une extrême vieillesse, sans passer par aucune maladie ;

ceux qui ſont attaqués de quelque mal, ſe guériſſent eux-mêmes, avec des ſimples, dont ils connoiſſent la vertu. Voilà la médecine que chaque individu devroit étudier & s'appliquer à lui-même. La botanique me paroît renfermer ſeule tous les remèdes & les ſoulagemens qui conviennent à l'homme ; & l'homme devroit lui ſeul être ſon médecin, parce que lui ſeul peut faire mieux que perſonne, connoiſſance avec ſa conſtitution & ſon tempérament.

Ces inſulaires ſont entièrement nûs, mais les femmes, toujours plus amies de la pudeur, ne ſont pas dans une entière nudité. Elles font conſiſter la beauté à ſe rendre les dents noires, & les cheveux blancs. Auſſi la plus importante de leurs occupations eſt de ſe noircir les dents avec certaines herbes, & de blanchir leur chevelure avec des eaux préparées pour cet uſage. Elles la portent fort longue, au lieu que les hommes ſe la raſent preſqu'entièrement, & ne conſervent au ſommet de la tête qu'un petit flocon de cheveux, long d'un doigt, à la manière du Japon. Leur langue a beaucoup de rapport à celle qu'on parle aux Philippines. Elle eſt aſſez agréable, la prononciation en eſt douce & aiſée. Un des agrémens de cette langue eſt de tranſpoſer les mots, quelquefois même les ſyllabes du même mot,

ce

ce qui donne occaſion à des équivoques que ces peuples aiment beaucoup. Quoiqu'ils n'aient aucune connoiſſance des ſciences & des beaux arts, ils ont cependant des hiſtoires, des poéſies même dont ils ſe font honneur : mais ces hiſtoires ne ſont qu'un tiſſu de fables; mais ces poéſies ſont ſi médiocres, qu'on n'y trouve rien de cette richeſſe, de cette énergie & de cette douceur, qui caractériſent la langue des Marianes.

Cependant, quoique la poéſie ne ſoit rien moins que ce qu'elle devroit être, on y ſurprend de loin en loin cette ſublimité d'expreſſions, cette pompe d'images & de figures, cet éclat de couleurs

& cette foule d'allégories, qui abondent dans la poésie orientale, & dont l'absence fait trop souvent la pauvreté de la nôtre. A la vérité la poésie de sentiment doit avoir une autre expression; mais la poésie ne doit pas s'adresser toujours au sentiment; l'imagination a ses droits; elle veut qu'on lui parle: ce n'est qu'en ébranlant toutes les puissances de cette faculté, que le grand Homère est devenu le père des plus grands poetes: toute leur gloire lui appartient. C'est ainsi que l'océan voit sans cesse rentrer dans son sein les fleuves qui en sortent sans cesse. Les Marianois, à l'exemple des Hébreux & des Grecs, savent apprécier mieux que nous l'art des vers. Un poëte est respecté de toute la nation : c'est l'homme qui a le plus d'influence sur l'opinion publique.

Avant les Espagnols, les Marianois vivoient dans une parfaite liberté. Ils n'avoient d'autres loix, que celles qu'ils vouloient s'imposer. Séparés de toutes les nations par les vastes mers, dont ils sont environnés, ils ignoroient qu'il existât d'autres terres, & se regardoient comme les seuls habitans du monde. Cependant ils manquoient de la plupart des choses, que nous croyons nécessaires à la vie. Ils n'avoient point d'animaux, à l'exception de quelques oiseaux d'une espèce assez semblable à celle de nos tourterelles. Ils ne les mangeoient pas, mais se faisoient un amusement de les apprivoiser, & de leur apprendre à parler.

Ce qui m'a le plus étonné, c'est qu'avant l'arrivée des colonies Espagnoles, ils n'avoient jamais vû de feu. Cet élément, sans lequel on n'imagineroit pas que les hommes pussent vivre en société, leur étoit tellement inconnu, qu'ils n'en purent deviner les propriétés, lorsque, le voyant pour la première fois, dans une descente de Magellan, qui brûla quelques unes de leurs maisons, ils prirent d'abord le feu pour un animal qui s'attachoit au bois, & qui s'en nourrissoit. Les premiers qui s'en approchèrent trop, s'étant brûlés, leurs cris inſpirèrent tant de crainte aux autres, qu'ils n'osèrent plus le regarder que de loin. Ils appréhendoient la morſure d'un animal, qu'ils croyoient capable de les bleſſer par la ſeule violence de ſa reſpiration. Telle eſt la première idée qu'ils ſe formèrent de la flamme & de la chaleur. Mais cette fauſſe imagination dura peu ; ils attachèrent bientôt au feu l'idée que nous en avons, & ne tardèrent pas à s'en ſervir comme nous.

Cette découverte augmenta leur goût pour le poiſſon. La pêche eſt leur occupation la plus ordinaire. Livrés à cet exercice dès l'enfance, ils ſont ſi habiles nageurs & ſi excellens plongeurs, qu'ils attrapent & devancent les poiſſons même. J'ai vu leurs canots; ils ſont d'une légéreté & d'une propreté, qui ne déplairoit pas en Europe. Ils ne ſont pas faits d'un ſeul tronc d'arbre, comme en Afrique & dans d'autres lieux, mais de deux troncs couſus & joints avec de la canne des Indes. La longueur en eſt de quinze ou dix-huit pieds, & la largeur de trois ou quatre: comme ils pourroient chavirer facilement, on joint aux côtés des pièces de bois ſolides, qui les tiennent en équilibre. Dans le milieu eſt un plancher qui s'avance des deux côtés ſur l'eau, & qui eſt la place des paſſagers. Ces bâtimens ſont ordinairement conduits par trois matelots, dont l'un eſt ſans ceſſe occupé à vuider l'eau, qui entre également & par dehors & par les fentes, tandis que les deux autres ſont placés aux extrêmités pour gouverner. La voile eſt de natte, & de la longueur des canots; ce qui expoſe à ſe voir renverſer, lorſqu'on n'évite pas ſoigneuſement d'avoir le vent en pouppe. Mais rien n'eſt égal à leur vîteſſe. Ils font dans un heure dix à douze milles. Pour revenir d'un lieu à l'autre, on ne fait que changer la voile, ſans tourner le bâtiment. Alors la proue devient la pouppe. C'eſt dans ces frêles machines, que ces inſulaires traverſent quelquefois une mer de quatre cens lieues jusqu'aux Philippines.

Voilà, Madame, toute la navigation des Marianois ; demain je vous entretiendrai de leurs opinions religieuses.

LETTRE CVII.

De Guahan.

AVANT l'arrivée des Missionnaires, Madame, ces peuples n'avoient pas la moindre idée de religion: on ne voyoit chez eux aucune apparence de divinité ; ils étoient sans temples, sans autels, sans culte & sans prêtres, & cependant ils n'étoient pas sans mœurs. On n'a trouvé parmi eux qu'un petit nombre d'imposteurs, distingués par le nom de *Mancanas* : ces imposteurs étoient ce qu'ils ont toujours été chez tous les peuples, des médecins & des astrologues, qui faisoient profession de guérir & de prévenir tous les maux, de commander aux élémens, de changer le cours des saisons, & de procurer une récolte abondante, ou d'heureuses pêches.

C'est peut-être le seul peuple rassemblé en société qui n'ait eu aucune religion extérieure : ce qui surprend le plus, c'est que dans le sein de l'athéisme, chaque Marianois attribuoit à l'ame une espèce d'immortalité, & supposoit dans une autre vie des récompenses ou des peines. Ils nommoient l'enfer *zazar-*

raguan, ou maiſon de *chaſſi*; c'eſt-à-dire d'un démon auquel ils donnoient le pouvoir de tourmenter ceux qui tomboient entre ſes mains. Ils croyoient auſſi à un paradis; c'étoit un jardin de délices, peuplé de cocotiers, d'orangers, de citronniers, de cannes de ſucre, & d'autres fruits, qui flattoient leur goût. C'eſt dans la jouiſſance de ces biens, qu'ils faiſoient conſiſter toute la béatitude de leur vie à venir. Mais ce n'étoit (choſe extraordinaire) ni le crime, ni la vertu qui conduiſoient dans ces lieux de peine ou de plaiſir. Tout dépendoit de la manière dont ils ſortoient de ce monde. Ceux qui mouroient d'une mort violente, avoient le zazarraguan pour partage ; & ceux qui mouroient naturellement, alloient jouir des arbres & des fruits délicieux du paradis. Depuis l'arrivée des Missionnaires dans ces îles, tous les idolâtres qu'elles renfermoient ont été conquis à l'évangile, ou sont passés dans les îles voisines, après avoir ruiné eux-mêmes toutes les habitations qu'ils possédoient dans celle de *Gunhan*. C'est ainsi que dans tous les tems & tous les lieux, les guerres allumées au nom de la religion, loin d'améliorer le sort des nations, n'ont tourné qu'au malheur & à la dépopulation. Vous parlerai-je des cérémonies funèbres ? Il n'est point de couleurs assez noires, assez fortes pour les rendre fidèlement. Peu de nations sont aussi éloquentes dans la douleur. Point de scènes plus lugubres que celles de leurs enterremens! Ce sont des sanglots, des larmes, des voix plaintives, des cris perçans, & tous les autres signes qui annoncent & accompagnent la désolation & le désespoir. Huit jours entiers se passent dans les larmes, les gémissemens, les chants funèbres, & dans l'abstinence de toute nourriture : on ne vit que de douleur. Cette abstinence se termine par un repas, qu'on fait autour du tombeau, ordinairement élevé sur le lieu même de la sépulture. On le charge de fleurs, de branches de palmier, de coquillages, de morceaux d'écaille, de jais, & de ce qu'on a de plus précieux. Le deuil eſt toujours proportionné à la tendreſſe qu'on avoit pour le mort, ou au rang qu'il occupoit. S'il étoit chef de la peuplade, ou femme de qualité, on ne connoît plus de bornes; le deuil eſt plus que de la triſteſſe, il devient fureur. On arrache les arbres, on brûle les édifices, on briſe les bateaux, on déchire les voiles, qu'on attache par lambeaux au-devant des maiſons. On jonche les chemins de branches de palmier, & l'on élève des machines funèbres à l'honneur du défunt. S'il s'eſt ſignalé par la pêche ou par les armes, on couronne le tombeau ou de rames & d'hameçons, ou de lances & de flèches. S'il s'est également illustré dans ces deux professions, les rames & les lances sont entrelacées en trophée.

Mais j'aime bien mieux la douleur des mères qui ont perdu leurs enfans; elle n'a rien d'outré, rien d'extravagant: les marques en sont naturelles & touchantes. Ces mères long-tems s'abandonnent aux pleurs, aux lamentations; & puis elles tournent tous leurs soins à nourrir leur tristesse. Elles coupent les cheveux de ces enfans, objet de leurs pieuses larmes, les conservent précieusement, & pendant plusieurs années, & le jour & la nuit, elles portent religieusement au cou une corde à laquelle elles font autant de nœuds, qu'il s'est passé de nuits depuis leur perte. Vous ne serez peut-être pas fâchée que je mette ici sous vos yeux la traduction littérale de quelques-unes de ces expressions vives, éloquentes & figurées, que j'ai moi-même recueillies de la bouche d'une mère affligée de la mort de son fils.

« Il n'est plus de vie pour moi; » ce qui m'en reste ne sera qu'en- » nui, & qu'amertume; le soleil, » qui m'animoit s'est éclipsé; la lune » qui m'éclairoit s'est obscurcie; » l'étoile qui me conduisoit a dis- » paru. Je vais être ensevelie dans » une nuit profonde, & abimée » dans une mer de pleurs & d'a-

» mertume. Hélas ! j'ai tout perdu ; » je ne verrai plus ce qui faisoit » le bonheur de mes jours & la » joie de mon cœur » !

Vous reconnoissez sans doute, dans ces accens de douleur maternelle, la manière orientale, qui consiste à faire sortir des mêmes objets une profusion d'images & de figures qui ennoblissent toujours le langage, & dont le choix bien ménagé, donne seul à la poésie un corps & une ame.

Autant les habitans des Marianes s'abandonnent au deuil & à la tristesse, autant ils montrent de goût pour le plaisir. Leur inconstance & leur légèreté sont sans exemple. Comme ils vivent sans contrainte

& dans l'habitude continuelle de ſuivre tous leurs caprices, ils paſſent aiſément d'une affection à l'autre. Ce qu'ils deſirent avec le plus d'ardeur, ils ceſſent de le vouloir le moment d'après. Les miſſionnaires, dont la ſévérité ne peut concilier la joie & le bonheur de ce monde, avec la félicité qu'ils promettent dans l'autre, regardent cette mobilité d'humeur comme le plus grand obſtacle qu'ils aient trouvé à la converſion de ces barbares. Ce peuple naturellement porté à la gaîté, la déploie agréablement par des railleries qui ne laiſſent point languir la joie. S'ils ſont ſobres, c'eſt moins par inclination, que par néceſſité. Ils s'aſſemblent ſouvent;

& dans leurs festins, se nourrissent de poissons, de fruits, de racines, & boivent d'une liqueur composée de riz & de cocos rapés. Ils se plaisent dans ces fêtes, à danser, à courir, à lutter, à raconter les aventures de leurs ancêtres, & souvent à réciter les vers de leurs poëtes.

Les femmes ont aussi leurs amusemens : elles viennent dans toutes les fêtes, avec une parure de coquillages, de petits grains de jais, & de morceaux d'écaille de tortue, qu'elles laissent pendre sur leur front. Ces bisarres ornemens sont entrelacés de fleurs. Leurs ceintures sont des chaînes de petites coquilles, qui sont plus estimées des Marianoises, que les diamans & les perles, ne le sont de nos Européennes. Elles y attachent de petits cocos assez proprement travaillés. A toutes ces parures, elles ajoutent des tissus de racines d'arbre, qui ne servent qu'à les déparer ; car tout ces tissus ressemblent plus à des sacs, qu'à des habits.

Dans leurs assemblées, elle se placent douze ou treize en cercle se tenant debout, & sans se remuer : c'est dans cette attitude qu'elles chantent les vers de leurs poëtes, avec une justesse & une harmonie qui ne déplairoient pas en Europe. L'accord de leur voix est rempli d'un moëlleux, dont le charme ne cède en rien à la musique la mieux concertée. Elles ont dans les mains de petites coquilles, qu'elles font jouer comme nos castagnettes. Ce qui m'a le plus surpris dans leur concert, c'est la manière dont elles y soutiennent leur voix. Elles l'animent avec une action si vive, & avec tant d'expression dans les gestes, que j'entendis dire à un missionnaire, dont la morale n'étoit pas des plus austères, que le chant des Marianoises pouvoit faire oublier le paradis & l'enfer.

LETTRE CVIII.

De Guahan.

Les Marianois, Madame, ſont livrés à la vanité la plus ſotte. Tous les pays dont on leur parle, excitent leur mépris. Sans doute que cet orgueil eſt un reſte de cette vieille idée, qu'ils étoient les ſeuls peuples de la terre.

La nation eſt ici diſtinguée en trois états, la nobleſſe, l'état moyen, & les hommes de main-d'œuvre. Les nobles ſont d'une fierté que j'ai eu peine à concevoir, & dont l'Europe entière ne fournit point d'exemple. Ils s'attribuent une telle ſupériorité, que c'eſt un crime dans un roturier d'approcher de leurs perſonnes ou de leurs maiſons. S'il a quelque choſe à leur demander, il faut qu'il le faſſe de loin. C'eſt la dernière & la plus criminelle infamie pour la nobleſſe, de s'allier aux filles du peuple. Une famille qui le ſouffre eſt perdue de réputation. S'il arrive qu'un noble ſe dégrade par une ſemblable alliance, toute ſa parenté s'aſſemble, & de concert elle lave cette tache dans le ſang du coupable.

Ces nobles ſont diſtingués par le titre de *Chamorris* : ils ont des fiefs héréditaires dans leur famille. Ce ne ſont pas les enfans qui ſuccèdent aux pères, mais les frères,

& les neveux du mort, dont ils prennent le nom, ou celui du chef de la famille. Cet uſage eſt ſi bien établi, qu'il ne cauſe jamais aucun trouble. La nobleſſe la plus eſtimée eſt celle d'*Agadna*, capitale de l'île de *Guahan*. Une ſituation avantageuſe & l'excellence des eaux ont attiré dans cette ville plus de cinquante familles nobles qui jouiſſent d'une grande conſidération dans l'île entière. Leurs chefs préſident aux aſſemblées ; on les reſpecte, on les écoute ; mais la déférence pour leur jugement n'eſt jamais forcée. Chacun prend le parti qui lui convient, ſans que perſonne s'y oppoſe. Cette liberté n'a rien d'étonnant chez un peuple qui vit ſans maître, & qui n'a d'autres loix à ſuivre que certains uſages, auxquels il ne demeure attaché que par la force de l'habitude.

Cependant ces chamorris ſi ſuperbes envers les autres claſſes ſe traitent entr'eux avec une politeſſe pleine d'égards & de ménagemens. Lorſqu'ils ſe rencontrent ou qu'ils paſſent les uns devant les autres, c'eſt toujours en ces termes qu'ils ſe ſaluent : *permettez que je vous baiſe les pieds :* ils paſſent la main ſur l'eſtomac de ceux qu'ils veulent honorer, c'eſt la civilité la plus ordinaire des Marianois. Ils s'invitent mutuellement à manger, & ſe préſentent d'une herbe, qu'ils ont toujours à la bouche, & qui leur tient

lieu

lieu de tabac. C'eſt une extrême incivilité que de cracher devant ceux à qui on doit du reſpect. Leur délicateſſe va ſur ce point, juſqu'à la ſuperſtition. Auſſi crachent-ils rarement, & jamais ſans beaucoup de précautions. Ils ſe gardent bien de cracher près de la maiſon d'un autre; ce ſeroit manquer de reſpect au propriétaire. Ils aiment mieux devenir malades, que d'être incivils.

Jamais nobleſſe ne fut nourrie de tant d'orgueil, & n'offrit tant de réflexions ſur les préjugés qui dans tous les lieux égarent cette portion des hommes; s'ils ſavoient commander le reſpect par la vertu, comme ils le commandent par le rang, ils auroient la vénération & l'amour des peuples.

Les hommes prennent ici le nombre de femmes qu'ils jugent à propos, & n'ont d'autre frein à respecter dans leur choix, que les liens de la parenté. Cependant l'usage commun est de n'avoir qu'une femme. Mais dans l'une ou dans l'autre supposition, le sort des maris n'est qu'une honteuse servitude, tandis que les femmes au contraire jouissent dans ces îles d'une liberté presque sans bornes. Toutes les loix matrimoniales sont en leur faveur : ces loix leur ont cédé toute l'autorité qui forme ailleurs le pouvoir des maris. La femme commande seule dans chaque maiſon ; elle eſt ſeule maîtreſſe, & en poſſeſſion de toute l'autorité ; le mari ne peut diſpoſer de rien : & ſi ſa conduite n'eſt pas reglée, s'il a une humeur chagrine & inquiétante, en un mot, s'il n'a pas pour ſa ſouveraine la déférence qu'on n'exige ſouvent de lui que par caprice, elle le maltraite ou le quitte & rentre dans tous les droits de la liberté. Ainſi le mariage des Marianois n'eſt pas indiſſoluble ; mais de quelque côté que vienne la ſéparation, la femme ne perd pas ſes biens : les enfans la ſuivent, & regardent le nouvel époux qu'elle choiſit, comme leur père naturel. Un mari a quelquefois le chagrin de ſe voir en un moment ſans femme, ſans enfans, & ſouvent ſans biens ; & tout cela peut être l'effet de la légèreté d'une femme.

Mais ce n'eſt pas le ſeul déſagrément des maris. Si la conduite d'une femme donne quelque ſujet de plainte, le malheureux époux peut bien ſe venger ſur l'amant ; mais là finiſſent ſes droits, & ſon unique reſſource contr'elle eſt le divorce. Il n'en eſt pas de même de l'infidélité des maris. Une Marianoiſe convaincue qu'elle eſt trahie par le ſien, en informe toutes les femmes de l'habitation. A cette nouvelle, elles conviennent d'un rendez-vous général, où, le lendemain, on les voit paroître la lance à la main, & le bonnet de leurs maris ſur la tête. C'eſt dans cet équipage guerrier, qu'elles s'avancent en corps de bataille vers la maiſon du coupable. D'abord on déſole ſes terres, on arrache ſes grains, on dépouille ſes arbres, & le ravage s'étend ſur tous ſes biens. Enſuite fondant ſur la maiſon, le bataillon femelle l'aſſiége lui-même, l'attaque, & ne lui laiſſe de repos qu'après l'avoir mis en fuite. D'autres fois la plaignante ſe contente d'abandonner ſon époux & de faire ſavoir à ſes proches qu'elle ne peut plus vivre avec lui. Toute la famille, brûlant d'envahir le bien d'autrui, s'aſſemble pour en ſaiſir l'occaſion. Heureux alors le mari, qui après avoir vu piller ou saccager tout ce qu'il possède, n'est pas condamné à pleurer le renversement total de sa propre maison!

Vous concevez que cet empire des femmes ne favorise point le goût des jeunes gens pour le mariage : ils se livrent à la débauche, qui leur en donne les plaisirs, sans les inconvéniens. Quelques morceaux de fer & d'écaille de tortues leur suffisent pour obtenir des parens mêmes la possession des jeunes filles qu'ils ont choisies pour leurs amours. Du reste les Marianois connoissent peu les autres crimes, qui parmi nous déshonorent l'homme social. L'homicide leur est en horreur ; la bonne foi règne dans leurs actions, comme dans leurs discours; c'est elle qui tient la porte de leurs maisons ouverte sans défiance, & le jour & la nuit. L'expérience autorise cette bonne foi; car on n'apprend jamais que personne ait volé son voisin.

A la vérité, les premiers navigateurs, qui n'étoient pas des Philosophes, les ont accusé d'aimer le vol; & c'est en conséquence de cette accusation, qu'ils appelèrent ces îles, comme je l'ai déjà dit, îles des larrons. Mais on pourroit aujourd'hui donner le même nom à toutes celles que les Banks, les Bougainvilles & les Cooks ont découvertes dans la grande mer du sud; parce que l'homme sauvage eſt par-tout un enfant, qui, frappé de la nouveauté des objets, brûle du deſir de les avoir en ſa poſſeſſion. Tels furent les Marianois, la première fois qu'ils virent les vaiſſeaux européens, chargés de tous les ouvrages de notre induſtrie. Une hache, une épée, un couteau, un clou, un grain de verre étoit pour eux un objet d'admiration, dont il étoit bien naturel qu'ils cherchaſſent à ſe rendre les maîtres par mille petites ruſes puériles.

Tel eſt le caractère général des Marianois, ſoit de ceux qui ont paſſé ſous la domination Eſpagnole, ſoit de ceux qui ſe ſont maintenus libres dans leurs montagnes. J'ai vécu avec quelques-uns de ces derniers, & cette conformité de caractère entre l'homme esclave & l'homme libre eut été pour moi une énigme inexplicable, si je n'eusse surpris dans celui-ci une singularité morale, dont peu de nations fournissent un exemple. Le Marianois montagnard devient maître de lui-même & de ses actions, aussi-tôt qu'il est capable de se connoître; cette soumission pour les auteurs de nos jours, ce respect filial, qui semble la première inspiration de la nature, & qui est devenu le premier de nos devoirs, est un sentiment qui lui est étranger. Semblable à l'animal qui ne connoît sa mère, qu'autant qu'il a besoin de ses secours, & qui se détache d'elle, dès qu'il peut s'en passer, le Marianois sauvage ne connoît plus de famille. Il vit pour lui seul; ou si l'amour le contraint de former quelque société, ce n'est qu'une société passagère & fugitive, comme le besoin qui l'y a poussé. Ce que nous appelons la nature ne seroit-il donc que l'effet des premières institutions sociales? Les loix seules nous auroient-elles façonnés? Grande & belle question que je proposerois aux Philosophes, si je leur connoissois assez de défiance de leurs propres lumières, pour la discuter avec impartialité.

LETTRE CIX.

De Guahan.

Les Marianois manquent de cette douceur de caractère que la force des loix & l'habitude de la soumission donnent aux nations policées. L'amour de la vengeance, passion commune & chère à tous les sauvages, vit profondément enraciné dans le cœur de ces insulaires. Il est dangereux de les offenser, car jamais ils ne pardonnent. Le ressentiment d'une injure est d'autant plus à craindre de leur part, qu'ils ne lui permettent jamais d'éclater par des paroles & des menaces. Ils le dissimulent & le renferment au fond du cœur.

Ils passent des jours, des mois, des années entières à attendre l'occasion favorable, & si-tôt qu'ils voient le moment de la vengeance, ils se dédommagent de cette longue violence, en se livrant aux inspirations les plus noires de la haine & de la trahison. Dans les démêlés qui naissent parmi eux, chacun se fait justice & ne rend compte à personne des moyens qu'il a employés.

S'il s'élève quelque différend entre les villageois & les citadins, il est toujours terminé par la guerre : on s'échauffe, on court aux armes ; mais on les quitte aussi promptement

ment qu'on les a prises. Aussi les guerres ne sont jamais de longue durée : ces peuples se mettent en campagne sans chef, sans discipline, & sans ordre. Ils partent sans provisions, passent deux ou trois jours sans manger, uniquement attentifs aux mouvemens de l'ennemi, qu'ils tâchent de faire tomber dans quelque piège. C'est toujours par la ruse qu'ils combattent ; la guerre, parmi eux, consiste à se surprendre ; peu de nations les égalent dans cet art. Lorsqu'ils se voient contraints de se battre à force ouverte, ils poussent de grands cris, moins pour effrayer leurs ennemis, que pour s'animer eux-mêmes ; car ils ne sont rien moins que braves. Pour se bien défendre, ils ont beſoin d'être exaltés, jusqu'à l'aliénation; tant qu'ils conſervent la raiſon, on les voit toujours prêts à reculer. Leur courage n'eſt jamais que de la frénéſie. Ils ne bravent la mort, que lorſque la fureur les empêche de la voir. Ce n'eſt qu'avec la plus grande peine, qu'ils en viennent aux mains. La mort de deux ou trois hommes décide ordinairement de la victoire; à la vue du ſang, la peur les ſaiſit, & les met en fuite. Les vaincus envoient des preſens aux vainqueurs; ceux-ci les reçoivent avec cette joie inſolente, que montrent toujours les hommes foibles, lorſqu'ils voient leurs ennemis à leurs piés. Pour célébrer le triomphe du parti victorieux & la défaite du vaincu, on compose, on récite ou l'on chante dans les fêtes des vers satyriques.

Il est surprenant que les Marianois n'aient point d'arcs, point de flèches, point d'épées. Leurs armes sont de simples bâtons, garnis du plus grand os d'une jambe, d'une cuisse ou d'un bras d'homme. Ces os travaillés assez proprement ont la pointe fort aigue, & sont si venimeux par leur nature, que la moindre esquille, qui en reste dans une blessure, cause des convulsions, des tremblemens & des douleurs, qui ne se terminent que par la mort. On n'a pu encore trouver de remède à la force d'un poison si puissant.

Chaque insulaire a quantité de ces redoutables traits. Les pierres sont une autre partie des munitions ; on les lance avec tant d'adresse & tant de roideur, qu'elles entrent quelquefois dans le tronc des arbres. Les Marianois manquent d'armes défensives. Ils ne parent les coups qu'on leur porte, que par la souplesse & l'agilité de leurs mouvemens. Tous ces détails prouvent un peuple qui est encore dans l'enfance de la civilisation.

LETTRE CX.

De Tinian.

Vous auriez un reproche à me faire, Madame, si je quittois les Marianes, sans vous parler de l'île de *Tinian*, si fameuse par le séjour que l'amiral *Anson* y fit vers le milieu de ce siècle. Elle est située entre les îles de Saypan & d'Aguiguan, dans le voisinage de Guahan. Sa longueur est d'environ douze milles, & sa largeur à-peu-près de la moitié. Dans le court pélérinage que je suis venu faire dans cette île, j'ai pris pour compagnon un Guahanois, qui me met en connoiſſance avec tous les lieux charmans qu'on trouve dans ce paradis des Marianes : les Eſpagnols ont bien raiſon de l'appeler *buena viſta*, bonne vue. Le pays s'élève inſenſiblement depuis le rivage de la mer, juſques vers le milieu de l'île. Avant d'arriver à la plus grande élévation, nous avons traverſé des bois coupés par des clairières, en pente douce, couvertes d'un treffle bien tendre, mêlé de différentes ſortes de fleurs. Partout un terrein ſec & un peu ſabloneux, diminuant l'extrême fécondité de la nature, ſe tapiſſe dans les plaines, ſur les côteaux, & dans les vallons, d'un gazon plus doux & plus uni que celui qu'on voit ordinairement dans les climats de la zone torride. Ici les bois ſont peuplés de grands & beaux arbres, qui nés au haſard croiſſent dans un déſordre charmant. L'œil de l'obſervateur, placé à quelque diſtance, le croiroit l'ouvrage de l'art. On voit pendre de ces arbres les *goyaves*, les noix, les limons, les oranges tant douces qu'amères, & le *rima* ou le fruit à pain, que je vous ai déjà fait connoître. Ce mêlange de bois & de plaines, de hauteurs & de vallons, forme des grouppes de payſages, de sîtes & de tableaux, qui me tiennent dans une admiration continuelle.

Les familles d'animaux qui peuplent ce beau pays concourent à lui donner un air enchanté. Je vois des bœufs ſans nombre paître enſemble çà & là, dans ces immenſes prairies, qui s'étendent le long de la mer. Ce ſpectacle charme d'autant plus que le corps de tous ces animaux brille d'un blanc d'argent, dont l'éclat eſt rehauſſé par le beau noir de leurs oreilles. Ces bœufs n'ont rien de ce caractère ſauvage, qu'on remarque dans les bœufs des autres îles; ils ſont au contraire d'un naturel ſi doux, que pluſieurs ſe laiſſent approcher, permettent de les toucher, & ſouffrent mes careſſes. Les Eſpagnols les tuent à coups de fuſil, & ſouvent même, pour épargner la poudre, les prennent facilement à la course. La chair en est très-bonne & plus aisée à digérer, que celle qu'on mange ailleurs. La volaille contribue aussi à embellir ce séjour. Elle anime d'un cri continuel la solitude de l'île, & donne à chaque pas, l'espérance de rencontrer des hameaux & des villages. On la voit courir dans les bois, en troupeaux si nombreux, qu'on la prend aussi à la course. Car les oiseaux sont si bien nourris, & si pesans, qu'ils peuvent à peine d'un seul vol s'éloigner de cent pas. Ce court trajet les fatigue, & leur ôte la force de prendre un nouvel essor, de manière qu'on en attrappe autant qu'on veut. Les arbres qui croissent séparés les uns des autres, ſans aucun mêlange de brouſſailles, ne peuvent ſouſtraire ces peuplades à la main qui les pourſuit. On trouve auſſi des Canards, de Sarcelles, des Corlieux, qui peuplent deux grands étangs d'eau douce, creuſés dans le milieu de l'île, ſans compter les *pluviers*, qui rempliſſent tous les bois de leurs ſifflemens.

Outre le bétail, la volaille & les oiſeaux, *Tinian* nourrit encore une grande quantité de porcs ſauvages, qui fourniſſent un mets exquis à tous les Marianois. Ces animaux ſont ſi féroces, qu'on eſt obligé de les tuer à coups de fuſil, ou de les prendre avec de gros chiens, dreſſés à cette chaſſe. Quoique ces dogues ſoient d'une race vigoureuſe & hardie, les porcs ſe défendent ſi bien qu'ils en déchirent toujours quelqu'un avant d'être pris.

Ici les végétaux ne demandent ni ſoins, ni culture. La nature ſeule les fait naître, & les nourrit. Ils ſont tous bienfaiſans; les voyageurs ſcorbutiques trouvent de puiſſans remèdes dans les melons d'eau, la dent de lion, la menthe, le pourpier, le *cochlearia*, l'oſeille, & dans pluſieurs autres végétaux de cette eſpèce, pour leſquels cette ſorte de malades montre toujours de l'avidité.

Mais ni la quantité & la bonté des fruits & des alimens, ni la beauté des plaines, ni la fraîcheur des bois, ni le parfum qui s'en exhale, ni la coupe inégale du terrein, ni l'agréable variété des perſpectives, aucun de tous ces avantages, en un mot, ne peut être comparé pour le charme & la ſalubrité, à ces vents frais qui ſoufflent preſque tout le tems de l'année, à ces pluies douces & bienfaiſantes qui rafraîchiſſent la terre de tems en tems, & y entretiennent un air ami de la ſanté.

Vous êtes ſans doute enchantée, Madame, de ce nouvel Eden; peut-être même n'eſt-ce pas ſans regret que vous le voyez placé ſi loin de vous, à l'autre extrémité du globe. Sans cette diſtance immenſe, l'envie vous viendroit d'aller rendre visite à ce beau séjour. Mais vous seriez bien étonnée de le trouver inhabité, quoique la nature l'ait placé au milieu de quelques autres îles qui en tirent une partie de leur subsistance. A la vérité, Tinian ne fut pas toujours un désert. Il n'y a pas cent ans encore qu'on y auroit trouvé une nombreuse population. Mon compagnon de voyage m'a assuré que Tinian fourmilloit d'habitans, & si je l'en crois, leur nombre étoit de trente mille. Comment donc cette île a-t-elle été dépeuplée? Voici la réponse de mon Guahanois à cette question.

Une maladie épidémique ayant emporté presque tous les insulaires de Rota & de Guahan, les Efpagnols ordonnèrent aux Tinianois d'abandonner leur terre natale, pour aller dans Guahan prendre la place des morts. Il fallut obéir; mais la plupart de ces malheureux tranfplantés tombèrent bientôt dans un état de langueur, ils moururent en tournant un œil de défefpoir vers leur chère patrie, qui méritoit bien en effet leur amour & leurs regrets. Hélas! ces pauvres Indiens pouvoient naturellement fe promettre que placés à une fi grande diftance de l'Efpagne, ils n'éprouveroient pas d'une manière auffi cruelle le pouvoir de cette fuperbe nation. Mais rien n'a pu les garantir de la deftruction prefque générale que l'Eſpagnol avoit déjà portée dans le nouveau monde. Le ſeul avantage qu'ils aient retiré de leur ſituation, c'eſt d'avoir été exterminés deux ſiècles plus tard.

Que les arts de l'Europe ſont horribles, quand on les ſuit dans l'autre hémiſphère à la trace des Eſpagnols !

On pourroit peut-être révoquer en doute ce nombre de trente mille Indiens qui peuploient Tinian & qui ſont morts de chagrin à Guahan. Mais comment réſiſter à ce puiſſant témoignage que donne au récit de mon Guahanois la tradition univerſelle qui s'eſt conſervée dans toutes les îles voiſines ? comment ſe défendre de croire à cette riche population ſur un ſol dont la fécondité la promet & la publie de toutes parts ? Comment enfin expliquer l'exiſtence des ruines que Tinian vient de m'offrir, ſi vous lui refuſez un peuple nombreux ? J'ai rencontré deux rangs de piliers, qui, ſous une forme pyramidale, s'élèvent ſur une baſe quarrée. Ces piliers ſont placés loin l'un de l'autre, à la diſtance d'environ ſix pieds, & le double de cet eſpace ſépare les rangs. Quant à la baſe, elle eſt preſque de cinq pieds ſur chacune des quatre faces, tandis que les piliers, qui ont treize pieds d'élévation, portent, chacun ſur le ſommet, un demi-globe dont la ſurface plate regarde le ciel. Ces pyramides & ces demi-globes ſont de ſable & de pierre cimentés enſemble & recouverts de plâtre. Mon Guahanois, que j'interroge pendant que je vous écris, m'aſſure que ces ruines ſont les reſtes d'un monaſtère Indien. Vous ſavez que dans tout le continent oriental, où j'ai déjà voyagé, rien n'eſt plus commun que ces maiſons formées pour retirer & entretenir l'orgueil & la pareſſe des moines. Mais quand même ces ruines ne feroient que les débris des maiſons ordinaires des habitans, elles atteſteroient encore que ces derniers étoient en grand nombre, puiſque l'île entière eſt comme hériſſée de ces piliers pyramidaux.

Je pourrois m'étendre davantage ſur les éloges de cette île charmante ; mais il eſt juſte auſſi de vous dire un mot des déſagrémens qu'elle donneroit à qui voudroit l'habiter.

Tinian manque de ruiſſeaux & d'eaux courantes. Les puits & les ſources qu'on y trouve par-tout à la ſurface de la terre, fourniſſent envain une eau limpide & agréable au goût ; ils ne remplacent qu'imparfaitement le bienfait des rivières, auquel ſemble attaché le plus grand charme, la vie des payſages. A la vérité, on voit vers le milieu de l'île trois grandes pièces d'eau excellentes. Les bords de ces baſſins ſont auſſi réguliers & auſſi unis, que si l'art s'étoit appliqué à les façonner pour le plaisir des yeux; mais ces réservoirs laisseroient encore des regrets à une colonie laborieuse. Le courant des rivières est nécessaire à l'industrie territoriale, comme l'Océan au commerce étranger.

Je passerai sous silence ce que l'amiral appelle, je crois, dans la relation de son voyage, la plus grande incommodité de Tinian. Il reproche à cette île de nourrir une foule prodigieuse d'insectes volans & rampans, tels que les Moucherons & les Tiques, les Mille-pieds & les Scorpions. Il est vrai que ces êtres malfaisans y fourmillent; mais il devoit penser qu'une terre abandonnée favorise leur propagation, & que Tinian en seroit bientôt purgé, si l'homme y travailloit pour lui même un sol dont la fécondité n'est pas le fruit de la culture.

LETTRE CXI.

Du cap Comorin.

DEPUIS ma dernière lettre datée de Tinian, il s'est écoulé, Madame, près d'une année entière, durant laquelle j'ai traversé une seconde fois cette vaste étendue de mer, qui embrasse & les terres fermes & les îles, dont mes lettres précédentes vous ont offert la description. Un vaisseau Hollandois vient enfin de me déposer dans la presqu'île occidentale des Indes sur la côte de la Pêcherie, près du cap Comorin.

Je vais donc les voir ces Indiens, dont l'origine se perd dans la nuit des tems; je vais parcourir cette contrée fameuse, à laquelle tous les caractères de la vraisemblance donnent la gloire d'avoir été le berceau du genre humain; qui, dès les jours les plus antiques, vit naître dans son sein le génie de la législation, de la morale & des sciences; de qui la Grèce & l'Egypte reçurent leurs fables & leur sagesse; où tant de conquérans ont porté leurs drapeaux & le ravage; sur laquelle, à la suite des siècles & de la dépradation, s'eſt étendue la rouille de l'ignorance & de l'aviliſſement ; dont la fécondité territoriale alimente encore le luxe des autres nations ; que les potentats de l'Europe ſe diſputent avec tant d'acharnement, & qui, depuis ſi long-tems, eſt pour eux le Promethée, dont ils ſont le vautour.

Et d'abord je dois remercier ma bonne fortune, qui s'eſt montrée favorable à ma curioſité. Ce matin j'ai vu s'ouvrir avec un appareil impoſant la pêche des huîtres à perle, dont la compagnie hollandoiſe, établie à Ceylan, a acheté le privilège du ſouverain de Maduré. Rappelez-vous que les états de ce prince, en ſe prolongeant depuis le Tanjaour & le cap Négapatan, juſqu'à celui de Comorin, forment ſur environ ſoixante-quinze lieues de longueur, la Côte de la Pêcherie ; rappelez-vous ce que vous avez lu ſans doute dans l'hiſtoire philoſophique des deux Indes, que les Hollandois ne font point pêcher pour leur compte, mais qu'ils permettent aux habitans du pays, d'avoir pour cette pêche autant de bateaux qu'ils veulent, & que chaque bateau leur paie ſoixante écus, & même quelquefois davantage. Vous ſaurez encore que la compagnie, avant de permettre une pêche générale, envoie tous les ans dès le mois de Mars, en diverſes rades, douze bateaux chargés chacun de faire une pêche particulière d'un millier d'huîtres, que si le produit de chaque millier monte au-delà d'un écu, on en conclut que la pêche sera abondante, & qu'enfin sur cette assurance on indique à toutes les barques un rendez-vous général.

Tous ces préliminaires avoient été observés avant mon arrivée; ce matin je me suis levé avec le jour, j'ai couru vers le rivage; les commissaires Hollandois, venus de Colombo, pour présider à la pêche, m'y avoient devancé. Tout-à-coup il s'est fait un silence universel au milieu de cent mille hommes rassemblés. On a entendu un coup de canon;

canon; à l'inſtant cinq ou ſix mille bateaux, précédés de deux groſſes chaloupes hollandoiſes, ſont partis comme un trait; les uns ont navigé à droite, les autres à gauche, ſelon la ſtation que les chaloupes leur ont indiquée, en aſſignant à chacun, d'eſpace en eſpace, les limites de l'endroit où il peut pêcher, excluſivement à tous les autres.

Les plongeurs, qui ſur chaque barque ſont au nombre de ſix pour ſe relever alternativement dans leur travail, ſe ſont jettés dans la mer, à la profondeur de trois, quatre ou cinq braſſes. Ils étoient attachés à une corde, dont l'un des bouts tient à la vergue du petit bâtiment. Cette corde eſt diſpoſée de manière que les matelots restés sur le bateau, à l'aide d'une poulie, la peuvent aisément lâcher ou tirer, selon le besoin. Le plongeur, dans la vue d'enfoncer plus vîte, porte une pierre du poids d'environ trente livres, attachée aux pieds (rarement à l'estomac), & une espèce de sac à la ceinture, où il entasse tout ce qu'il recueille. Dès qu'il touche au fond de la mer, le voilà courant çà & là, quelquefois sur le sable, tantôt sur une vase visqueuse, tantôt à travers les pointes des rochers, & par-tout occupé à sa récolte. S'il trouve plus d'huîtres, que son sac n'en peut contenir, il rassemble en monceau tout ce qu'il est contraint de laisser, remonte ſur l'eau pour reſpirer, vide ſon ſac; & lorſque ſon haleine trop fatiguée lui défend de replonger, un de ſes compagnons prend ſa place. Si-tôt qu'il veut revenir à l'air, tout plongeur en donne le ſignal, en tirant fortement une petite corde différente de celle à laquelle ſon corps eſt ſuſpendu; deux matelots ſur la barque épient le plus léger mouvement de cette corde, dont l'autre bout eſt dans leurs mains. Rarement le plongeur le plus exercé dès l'enfance à ſon métier peut-il, au-delà du terme d'un quart-d'heure, ſe paſſer de reſpiration. Du reſte, il a eu grand ſoin de ſe boucher les oreilles & les narines avec du coton, comme auſſi d'armer ſes mains, quelquefois d'une eſpèce de mitaines de cuir, pour ſe défendre contre les pointes des rochers, & toujours d'un inſtrument de fer, à l'aide duquel il détache les huîtres, qui ſont adhérentes. Les bateaux ſont quelquefois ſi près les uns des autres, que les plongeurs ſe rencontrent aiſément ſous les eaux, & ſe diſputent les monceaux d'huîtres qu'ils ont formés. Ils prétendent qu'à ſoixante pieds de profondeur, ils jouiſſent d'un jour auſſi clair que ſur la terre. Les malheureux uſent trop ſouvent de cette clarté pour ſe battre. On diroit qu'ils n'ont pas aſſez des riſques de leur métier ; outre le danger de tomber trop précipitamment dans la mer, de rester suspendus à des avances de rochers, de se briser sur quelque amas de pierres, ou même de s'évanouir en manquant d'air, ils courent encore celui de devenir la proie des requins. Voilà pour eux le malheur le plus ordinaire.

Vous présumez bien, Madame, qu'un tel métier ne s'exerce qu'au prix des plus grandes fatigues; aussi l'Indien le plus habile ne peut-il guères plonger que sept ou huit fois par jour. Le travail a duré jusqu'à midi, & alors tous les bateaux ont regagné le rivage. Là, chaque propriétaire de bateau a fait transporter dans une espèce de parc, ou de fosse creusée dans le ſable, les huîtres qu'on a recueillies pour lui : là, elles doivent reſter étalées à l'air, en attendant qu'elles s'ouvrent d'elles-mêmes. Ce moment n'arrivera que dans trois ou quatre jours; alors on en retirera les perles ſans danger, on les lavera pour les faire paſſer enſuite à travers cinq ou ſix petits baſſins à cribles, qui, s'enchaſſant l'un dans l'autre, ſont placés néanmoins à une égale diſtance l'un de l'autre. Les trous du ſecond crible ſont plus petits que ceux du premier, & il en eſt de même juſqu'au dernier. Les perles, qui ne paſſent point par le premier crible, ſont du premier ordre. Celles qui reſtent dans le ſecond forment le deuxième, & ainſi de ſuite, juſqu'à celles qui ſont reçues dans le dernier baſſin, qui n'eſt point percé. Celles-ci, comme les plus petites, ſont nommées *ſemences de perles.* De cette différence de groſſeur balancée avec la qualité de la nacre naît la différence du prix. Les Hollandois ſe ſont réſervé le droit d'acheter en concours tout ce qui leur plaît : la préférence ne peut leur être refuſée. Du reſte, la pêche du premier jour appartient toute entière au Roi de Maduré, ou au Prince de Marava, ſuivant la rade où elle s'eſt faite.

Vous ne concevez pas, Madame, les grandes maladies qui règnent tous les ans, ſur ces parages, au tems de la pêche. Cette foule tumultueuſe d'hommes, de femmes, d'enfans, qui ſe raſſemblent ici de toutes les contrées voiſines, qui ſe logent pêle-mêle, qui ne prennent le plus ſouvent qu'une nourriture indigeſte & malfaiſante, cette chair des huîtres expoſée aux ardeurs du ſoleil, cette infection qui s'en exhale, ne tardent pas à corrompre l'air, & à répandre le germe des maladies contagieuſes. Auſſi quiconque a l'imprudence de paſſer dans cette ſaiſon quelques jours ſur cette côte, court le riſque de payer cher ſa curioſité. Pour éviter ce danger, je prens le ſage parti de quitter la côte : d'ailleurs je ne verrois demain que ce que j'ai vu aujourd'hui.

LETTRE CXII.

De Maduré.

J'ARRIVE, Madame, dans les états d'un prince, qui n'a pu les ſauver de la déprédation & du ravage qu'amènent toujours à leur ſuite les révolutions politiques, qui ſe ſuccèdent ſans ceſſe ſur le théâtre des Indes. Il fut un tems où le ſouverain de Maduré avoit ici fixé ſa réſidence, dans une ville grande, belle & ſavamment fortifiée. Ici, s'élevoit pour lui un riche & beau palais, tel qu'il auroit ſuffi à l'ambition & à l'orgueil des potentats les plus ſuperbes de l'Europe. Mais tout cet éclat a diſparu devant un peuple de conquérans. Les Maïssuriens arrivèrent avec la victoire à Maduré, & le prince forcé de se retirer vers le nord de son royaume porta sa cour à *Trichirapali*.

Les vainqueurs n'ont pu cependant faire disparoître toutes les traces de cette ancienne splendeur; les ruines qui ont survécu, ont encore une voix qui publie ce que fut Maduré. Ce n'est plus qu'un cadavre ; mais mon imagination fortement ébranlée par tous les objets qui m'environnent, le ressuscite ; & la tradition qui vit ici dans la mémoire, & sur la bouche des habitans m'assure que ce petit état étoit digne même des regards des philoſophes, comme il mérite aujourd'hui leurs regrets. Comment en effet ne pas s'attriſter à la penſée qu'il fut un tems où cette ville, tombée aujourd'hui dans la nuit de l'ignorance, fleuriſſoit à la lumière des ſciences & de la philoſophie ? J'ai vu des monumens qui atteſtent l'exiſtence d'un corps littéraire, ſous les auſpices duquel ont paru preſque tous les ouvrages eſtimés dans l'Inde. C'étoit une eſpèce d'académie dont tous les membres profeſſoient le déiſme le plus rigoureux. Nulle trace d'idolâtrie parmi eux. Toute cette folle mythologie Indienne, à laquelle il eſt impoſſible de rien concevoir, avoir diſparu de leur penſée, pour n'y laiſſer que le dogme consolant de l'unité d'un Dieu.

Il faut que la réputation de sagesse, que mérita ce corps littéraire, eût excité dans l'Inde une grande admiration, puisqu'on m'a fait lire dans quelques livres Indiens que l'un des vice-gérens de l'Etre-Suprême, celui sur-tout dont le culte est en vigueur dans la péninsule occidentale, descendit un jour sur la terre, pour entrer ouvertement en dispute reglée avec les membres de cette compagnie; qu'il fut vaincu, qu'il se fâcha, mais que toute sa colère fut impuissante contre l'ascendant de ces hommes supérieurs.

Vous me saurez gré, sans doute, d'avoir

d'avoir recueilli pour vous quelques-unes des ſentences que cinquante-ſept membres de l'académie de Maduré s'appliquèrent un jour à extraire d'un poëme qui a pour titre *Tiron-Vallouven*, & auquel ils donnèrent l'approbation la plus honorable :

« Celui qui a fait le bien & dont » le cœur eſt pur, a connu l'eſſence » de la vertu : de futiles pratiques » lui ſont étrangères.

» L'homme grand ſait pardonner » les injures ; il ſait même faire du » bien à ſes ennemis ».

Vous voyez, Madame, que longtems avant l'ère chrétienne, des hommes s'étoient élevé, à force de philoſophie, juſqu'au pardon des injures & à l'amour des ennemis.

« Une femme dans les douleurs » de l'enfantement a ressenti de la » joie, lorsqu'on lui a dit : tu es » mère d'un fils : mais son cœur » tressaille, quand la voix publique » célèbre son bonheur, pour avoir » donné le jour à un homme ac- » compli.

» Celui qui maître d'un arbre » chargé de fruits mûrs & savou- » reux, ne porte à sa bouche que » des fruits verds, est un fou. Pour- » quoi parler avec rudesse, lorsqu'on » peut s'exprimer avec douceur ?

» L'affabilité est l'ornement de la » grandeur, la fierté ne sied que » dans l'infortune.

» La ſcience de l'ignorant eſt de
» ſavoir garder le ſilence, en pré-
» ſence du ſage ».

Cette maxime ne vous rappelle-t-elle pas ces vers charmans de M. le Chevalier de Boufflers ?

Ne parler jamais qu'à propos
Eſt un grand & rare avantage :
Le ſilence eſt l'eſprit des ſots :
Et l'une des vertus du ſage.

Il eſt vrai que Deſmahis avoit dit précédemment dans un hymne au ſilence :

Tu conſerves l'honneur aux femmes,
Et tu tiens lieu d'eſprit aux ſots.

Voici d'autres ſentences extraites d'un ouvrage nommé *Naladiar*.

« Quelques perſonnes voulant » ſucer la canne de ſucre, commen- » cent par le bout d'en haut, & » finiſſent par la racine, telle eſt » la vraie amitié. Ses commence- » mens paroiſſent quelquefois inſi- » pides, mais le tems & l'expé- » rience font goûter les plaiſirs les » plus purs ».

En voici d'autres d'un ouvrage nommé *Biſanam*.

« L'opulence & les dignités ont » rendu petit celui qui a cru en » être aggrandi.

» Si tu le peux, jouis; mais ſoit » que tu puiſes de l'eau dans la » mer ou dans un puits, tu ne rem- » pliras jamais que ton vaſe.

» Si le nom d'un ignorant orgueil-

» leux, aujourd'hui exhaussé sur un » atome, parvient à la postérité, » elle dira, il a passé. La gloire » durable de l'homme est la science ».

Enfin voici la dernière que je n'ai pas oublié de recueillir d'un livre connu dans l'Inde, sous le nom de *Nydivenla*.

« Une femme, vraiment digne de » la tendresse d'un époux, sait en » prévoir tous les besoins : avec » l'empressement d'une mère, elle » lui prépare sa nourriture ; amie » éclairée, elle le conseille dans les » affaires ; enfin, avec une figure » modeste & agréable, elle suffit à » tous les plaisirs de son mari ».

Cependant ne croyez pas, Madame, que quelques restes de cette ſageſſe qui éclairoit cette école de Philoſophes, ſe retrouvent encore dans les mœurs des Maduréens. Ce ſeroit un phénomène moral, ſi, en perdant la liberté, ils n'étoient point tombés dans la dépravation. A cette fierté d'ame, à ce noble mépris des richeſſes, à cet amour des choſes honnêtes, à toutes ces vertus antiques, le grand caractère des peuples libres, ont ſuccédé une lâcheté, une ſoif du gain, un penchant pour le vol, une eſpèce de honte de la vertu même, & toute la foule des vices, qui marquent un peuple d'eſclaves.

Tous ces déſordres, qui d'abord naquirent de l'eſclavage, en ſont devenus l'aliment: dans les révolutions politiques que ce ſiècle a vu ſubir à l'Inde entière, Maduré a eu le ſort du midi de la Preſqu'île. Il a été ouvert à toutes les horreurs de la guerre. *Kan-Saeb*, ſimple cypaye, las de vivre ſous une domination tyrannique, ſecoua le joug, devint chef de ce petit état, & s'en fit déclarer roi. Le Nabab, *Mahamet-Ali* s'oppoſa à ſes prétentions. Soutenu des Anglois, il envoya contre Kan-Saeb une puiſſante armée. Celui-ci fit une vigoureuſe défenſe ; trois fois les Anglois l'attaquèrent ; trois fois ils furent repouſſés. Mais une des portes de la ville ayant été abandonnée par un de ſes officiers, il fut pris. Le général Anglois le livra pour la somme de cent mille roupies à Mahamet-Ali. Ce Nabab lui ayant demandé : que m'aurois-tu fait, si tu m'avois pris ? Je t'aurois fait pendre, répondit Kan Saeb. Ces mots furent l'arrêt de sa mort. Il expira sur un gibet ; & toutes les terres où il avoit porté ses conquêtes, devinrent la proie du vainqueur & de la misère.

LETTRE CXIII.

De Maduré.

Nous allons, Madame, observer les Indiens dans leur vie privée. Et d'abord je fixerai un moment votre curiosité sur leurs maisons.

Je n'y ai rien vu de la grandeur orientale. Bornées à un ſeul étage, elles ſont preſque toutes bâties de terre ou de briques, & recouvertes de chaux. Les fenêtres en ſont très-petites, les portes toujours étroites & baſſes. On pratique ſur le devant une petite galerie appelée *varangue*. Elle eſt formée par le toît, & déborde le mur. On l'étaie de pluſieurs colonnes de bois mince, d'une groſſeur égale, dans toute leur longueur, qui, pour l'ordinaire ſans ornemens, ſont portées ſur un banc de terre battue, qu'on recouvre de chaux. L'intérieur eſt toujours de forme quarrée ; dans le milieu on trouve une cour, autour de laquelle règne une galerie pareille à celle qui domine ſur la rue.

Ordinairement les brames & les gens pieux enduiſent le payé & quelquefois même les murs de bouze de vache. Ils ne prennent ce ſoin que par eſprit de religion ; cependant ils en retirent l'avantage d'éloigner les inſectes, qui ſont en grand nombre dans l'Inde, & qu'on chaſſe à l'aide de ce moyen. La plupart des pratiques religieuſes ſemblent n'avoir été chez tous les peuples, que des préſervatifs contre les maux phyſiques ? Les prêtres ſavoient très-bien ce qu'ils faiſoient, quand ils ſe livroient à des études de médecine. En montrant dans l'homme-prêtre, l'homme-médecin, il ne leur étoit pas difficile de persuader à la crédulité populaire, qu'ils tenoient des dieux mêmes la faculté de donner le plus grand des biens, la santé. Et voilà peut-être le plus solide fondement de cet empire absolu, qui, chez les nations antiques, les faisoit asseoir à côté des divinités. Il me souvient d'avoir vu arriver du fond de l'Italie à Montpellier un capucin, qui venoit prendre ses degrés de médecine dans la faculté de cette ville. Je le vis recevoir le bonnet de Docteur ; & j'appris de lui-même qu'encore dans les hôpitaux d'Italie, les moines sont à-la-fois aumôniers & médecins.

Revenons à nos Indiens. Leurs

meubles ſont auſſi ſimples que leurs maiſons ; ils conſiſtent en une natte ou en un tapis étendu par terre, en une ou deux figures ou tableaux des dieux, & en quelques vaſes de terre, entaſſés les uns ſur les autres, pour renfermer les inſtrumens du ménage. Cependant à la côte de Coromandel, le commerce donne l'aiſance d'avoir des maiſons plus grandes & plus propres, recouvertes en *argamaſſe*, eſpèce de ſtuc, ſur lequel l'eau ne peut mordre. Alors les toîts forment une galerie, où l'on va jouir de la fraîcheur du ſoir ; mais ce n'eſt que dans les colonies Européennes, qu'on peut en jouir, ſans craindre la tyrannie du gouvernement.

Ici on ne connoît pas l'ufage des caroffes : on n'y voit que ceux qui font venus d'Europe : mais on a deux autres voitures, le *gari* & le *palanquin*, qui ne font ni moins commodes ni moins fuperbes.

Le gari eft une efpèce de belvéder, garni tout autour de rideaux, porté fur un petit charriot à deux roues, & traîné par des bœufs à loupe, que M. de Buffon a défignés fous le nom de *bifon* blanc. Ces animaux fuivent un cheval au galop, & font jufqu'à vingt lieues par jour. Quand ils font jeunes, on leur plie les cornes, pour les rendre uniformes & leur donner un contour agréable ; on les garnit de cercles d'or ; on peint de diverfes couleurs les jambes & la poitrine de ces bœufs, jusqu'à la moitié du corps.

Le palanquin, la voiture la plus commode de l'Inde, est composé de trois parties principales, la *caisse*, la *tente*, & le *bambou*. La caisse est une espèce de lit formé d'un cadre de canne, entouré d'un bord de bois, garni aux quatre coins, en or ou en argent. Ce bord qui s'élève de quatre à cinq pouces au-dessus du cadre, est couvert de nacre de perle, d'ivoire, & de morceaux d'ébène en placage. La caisse est soutenue par quatre pieds terminés en griffe de tigre, aussi revêtus d'or. On garnit le cadre d'un matelas de velours accompagné de deux oreillers de même étoffe, avec des glands & souvent des broderies, ou du galon sur les coutures. A chaque bout de la caisse, sont deux bâtons, qui, se traversant en sautoir, tiennent par des vis aux pieds & au bord. Ces bâtons, dans l'angle supérieur que forment leurs extrêmités, reçoivent les deux bouts du bambou, posés dessus horisontalement.

Le bambou vous est déjà connu, Madame. J'ajouterai seulement quelques observations à celles que je vous ai communiquées dans le cours de mes voyages. J'ai appris que des palissades faites de ce roseau sont de bonnes défenses contre le canon, qui n'y fait que son trou, ſans les enflammer. Plus le bambou sèche, & plus il acquiert de conſiſtance & de dureté. Le rapprochement de ſes nœuds lui donne une force prodigieuſe ; & quoique plus léger que ne le ſeroit un roſeau de la même groſſeur, il ſupporte les fardeaux les plus peſans, ſans plier ni ſe rompre. Deux morceaux de cette canne de dix pieds de longueur ſur trois pouces de diamètre peuvent porter quinze cents livres. On en voit la preuve dans les bambous de palanquin.

Pour courber ce roſeau, on ajuſte deſſus, lorſqu'il eſt jeune, un moule le long duquel il croît dans la forme qu'on veut lui donner. Celui dont la courbure approche le plus du demi-cercle, eſt le plus cher. La partie courbée, qui dans le palanquin doit être de la longueur de la caiſſe, eſt toujours couverte d'une étoffe de ſoie de la même couleur que les oreillers, & porte un petit matelas long, plat, de la même étoffe; c'eſt ſur ce matelas que poſe la tente, qui eſt comme le ciel de cette eſpèce de lit. Elle eſt de coton, piquée & traverſée dans la largeur par des bambous plats, à-peu-près comme les corſets des femmes le ſont par des baleines. Quelquefois le long de la courbure intérieure, le bambou eſt garni de petites boſſettes d'argent, mêlées de glands de ſoie, de la couleur du matelas. Au milieu du palanquin pend un gros gland d'or.

Les Anglois ont des fauteuils dans leurs palanquins, & s'y tiennent assis. Les François plus voluptueux s'y tiennent couchés. Quelquefois ils pratiquent à un des bouts du cadre, une petite cave, plus grande que nos vaches, pour enfermer les provisions du voyage.

Ces voitures sont traînées ordinairement par six *Béras*, qu'on nomme *Boys*, c'est-à-dire serviteurs. Deux de ces Béras placés sur le devant du palanquin, portent le bout le plus court ; trois autres sur le derrière, portent le bout le plus long, & le sixième accompagne en courant, & relève les autres à son tour. En voyage il faut huit

Béras, & quelquefois douze. Ces porteurs vont ſi vîte qu'ils font juſqu'à deux lieues par heure. Ils s'excitent dans leur marche par des chants, dont ils répètent les refrains avec un accord & une juſteſſe ſurprenante.

LETTRE CXIV.

De Maduré.

JE me ſuis ſouvenu, Madame, que des Miſſionnaires dans des ouvrages imprimés, s'étoient répandus en éloges ſur l'élégance & la belle taille des ânes du Maduré ; je n'avois pas oublié ſur-tout que dans leurs relations ils nous ont repréſenté cette claſſe d'animaux comme l'objet d'une vénération particulière, & que le nouvel historien de la nature appuyé sur ces témoignages répétés, nous avoit dit que ces quadrupèdes étoient reconnus ici pour avoir été la souche de la noblesse & des rois du pays. Ce souvenir m'a déterminé à une recherche scrupuleuse de la vérité. Le résultat des informations que j'ai recueillies dément & détruit tout ce beau récit des Missionnaires.

Et d'abord, j'affirme hardiment que cette descendance des rois & de la noblesse est un conte inventé à plaisir, ou du moins une fausse interprétation donnée à une expression que l'humilité religieuse a mise ici en usage dans le langage ordinaire. Il n'eſt pas rare de trouver ici, non plus que dans le reſte des Indes, des hommes qui par modeſtie ou par baſſeſſe ſe nomment en parlant d'eux-mêmes, ânes ou chiens. Il eſt encore vrai qu'un certain *Kaparen*, auteur d'une caſte ou tribu diſtinguée dans le Maduré, paſſe pour avoir été d'un eſprit tellement borné, que pluſieurs écrivains ont déſigné cet Indien ſous la première de ces qualifications injurieuſes. Quoi qu'il en ſoit, il eſt ſenſible que de pareilles tournures de phraſe ne devoient pas être priſes à la lettre, ni relevées pour jetter du ridicule ſur un peuple.

Quant à la beauté des ânes du Maduré, croyez encore, Madame, qu'il n'en eſt rien, abſolument rien. Je viens de traverſer du midi au nord toute l'étendue de ce petit état, & par-tout ces animaux ſe ſont offerts à mes yeux ſous les traits d'une race petite, foible & cagneuſe. Comme d'ailleurs la plupart ſont ſujets à avoir la reſpiration gênée, on leur fait ſubir ordinairement une opération qui achève de les rendre difformes : il s'agit de deux inciſions, longues de ſix pouces, ſur une direction perpendiculaire à l'angle extérieur de chaque œil ; plaie fort profonde qui doit, en ſe cicatriſant, reſter ouverte. Vous concevez que cette double inciſion ajoute à la difformité naturelle de la tête.

Au ſurplus, la plupart des Indiens regardent l'âne à-peu-près comme immonde, de ſorte qu'un des moyens uſités pour noter quelqu'un d'infamie, eſt de faire répandre ſur lui de l'urine de cet animal. Enfin ce qui eſt une preuve inconteſtable du peu d'eſtime qu'on en fait ici, de même qu'en Europe, c'eſt que les ſeules perſonnes qui en exigent du ſervice, ne ſont que des blanchiſſeurs de linge, des eſpèces de pionniers preſque toujours errans, & quelques autres gens de baſſe tribu, leſquels n'habitent ni dans l'enceinte des villes, ni même dans l'intérieur des villages. Un Indien de tribu noble n'oſeroit élever ce quadrupède chez lui, ni s'en ſervir pour monture.

Vous avez vu dans une lettre précédente, Madame, qu'on se fait traîner par des bœufs, dont l'Inde nourrit plusieurs races distinctes & caractérisées par des traits bien marqués. La plus belle espèce est celle des bisons. Ils sont la plupart parfaitement blancs, bien pris dans leur taille, & presqu'aussi hauts que nos grands chevaux de carosse. Leur tête est médiocrement grosse, & armée de cornes presque toujours arquées. Une élévation charnue, qu'ils ont au-dessus des épaules & un peu courbée en arrière, est quelquefois de la grosseur de la tête d'un homme, laquelle seroit applatie sur les côtés. On la dit recouverte de muscles, à l'aide desquels l'animal

lui

lui imprime quelquefois un léger balancement ou mouvement d'oscillation.

Ces bœufs d'un caractère doux & pacifique sont par-là même très-propres à servir de monture ; leur pas en outre, qui est une espèce d'amble, suffit à fournir une marche de vingt lieues par jour. Aujourd'hui le souverain de Maduré vient d'en attacher un certain nombre au service de son artillerie de campagne. Ceux-là sont ferrés, toutes les fois qu'on les conduit dans un pays de montagne. Je n'oublierai pas de vous dire que sensibles aux plus légères impressions d'un cordon passé dans le cartilage qui sépare leurs nazeaux, ils obéissent à la main avec plus de précision peut-être qu'un cheval d'Europe bien dressé.

J'ai vu ce matin dans les mains de trois bateleurs, le fameux serpent couronné ou *couleuvre capelle*, dont la race est assez commune dans les environs de Maduré. Ce reptile parvient jusqu'à la longueur de six pieds. Sa peau est divisée à l'œil en de petits compartimens réguliers, où des nuances plus ou moins tranchantes de verd, de jaune & de brunâtre font un assez bel effet. Nous la nommons capelle, du mot Portugais *capelo*, parce qu'elle a au-dessous de la tête, une peau lâche, qui, susceptible de s'étendre des deux côtés, présente alors la forme d'une ſorte de chaperon, ſur lequel paroît une empreinte, qui approche de celle d'une paire de lunettes. Cette peau lâche ne s'étend ainſi que lorſque l'animal ſe redreſſe, agité par la crainte, la colère ou l'étonnement, en un mot par un objet qui l'affecte un peu fortement. Dans ces circonſtances, il ſoulève la partie antérieure de ſon corps, à-peu-près du tiers de ſa longueur; ſa tête alors eſt preſque toujours en mouvement; & paroiſſant regarder de toutes parts, il reſte en place ou rampe lentement ſur la partie inférieure de lui-même. C'eſt ce regard attentif qui lui a valu dans l'Inde la gloire de ſervir ſpécialement d'emblême à la prudence.

Mais lorſque ce reptile mange, qu'il eſt en repos ou qu'il eſt pourſuivi, ſon chaperon ne s'épanouit point, parce qu'alors tous ſes muſcles ſont ou relâchés ou occupés, ſoit pour agir, ſoit pour fuir le danger.

Les Indiens gentils ou idolâtres ont pour cette couleuvre une vénération ſuperſtitieuſe fondée ſur quelques légendes de leur théologie. Ils ne la déſignent preſque jamais, ſans l'honorer des qualifications de royale, de bonne, de ſainte. Quelques-uns la voyent avec joie aller & venir juſques dans l'intérieur de leurs maiſons, ſottiſe religieuſe, dont ils ſont quelquefois la dupe; car, comme ſans le ſavoir, ou pendant le ſommeil, il eſt très-poſſible de lui faire du mal, elle se venge aussi-tôt avec fureur. Sa morsure peut causer la mort en deux ou trois heures, sur-tout si le venin a pénétré quelque muscle ou quelque vaisseau un peu considérable.

Ce reptile m'a paru sensible aux accords d'une sorte de flageolet champêtre à deux tuyaux. Les bateleurs jouoient un air monotone, traînant & dur, qui d'abord avoit semblé l'étonner. Bientôt la couleuvre s'est avancée. Puis s'arrêtant, elle s'est dressée à demi en épanouissant son chaperon. Elle est restée près d'une heure dans cette situation, & de légers balancemens de tête m'ont prouvé, durant tout ce tems, l'impression de plaisir que ces ſons faiſoient ſur ſes organes. Un François, chez lequel j'ai trouvé l'hoſpitalité, m'aſſure qu'il a répété pluſieurs fois lui-même cette épreuve ſur des couleuvres qui n'étoient nullement dreſſées à cet exercice, & particulièrement ſur une capelle qu'il avoit attrapée dans ſon jardin.

Je terminerois ici mes obſervations ſur le Maduré, ſi l'homme éclairé qui m'a ouvert ſa maiſon, ne me fourniſſoit des détails curieux ſur un inſecte qui s'introduit ici dans les jambes ou les cuiſſes de l'homme, lorſque marchant ſans être chauſſé, comme la plupart des Aſiatiques, on a l'imprudence de ſe repoſer ſur la terre. Cet inſecte connu en Europe ſous le nom de dragonneau, s'appelle ici ou *Narr*, ou *kirapao*. Du reſte je ne changerai rien au récit de mon hôte, & je vous l'adreſſe tel que je l'ai reçu écrit de ſa main.

« Je n'ai pu ſavoir ſi c'eſt par » les pores, ou par une piqûre » inſenſible qu'un animalcule in- » connu introduit le germe du » dragoneau dans les chairs. Quoi » qu'il en ſoit, ſix, ſept mois & » quelquefois plus, s'écoulent ſans » qu'on ait le moindre indice de ſa » préſence, c'eſt-à-dire, juſqu'à ce » qu'ayant acquis un développement » convenable, lui-même enfin ſe » fait jour & ſe produit au-dehors. » C'eſt ce qui m'eſt arrivé vers la

» fin de la dernière guerre. J'avois » été envoyé dans le Maduré, que » les Anglois possédoient : quoique » parfaitement déguisé & non pré- » sumé Européen, je fus arrêté à » un passage gardé par un corps » de Cipayes ennemis. Je trouvai » bientôt moyen de me tirer de » leurs mains ; mais ce contre-tems » m'ayant obligé de suivre pendant » quelque tems à pied des routes » détournées, je reçus dans la jambe » droite le germe d'un de ces in- » sectes, dont je ne m'apperçus » qu'en arrivant à l'île de France. » Cet accident m'a mis à lieu de » faire sur ce sujet des remarques » dont voici le précis. La tête du » dragonneau est d'un brun maron ;

» l'œil découvre à l'extrêmité un
» point noir. En le considérant avec
» une loupe assez commune, & le
» pressant avec une épingle, j'ai
» cru y appercevoir une petite lan-
» guette ou trompe, d'une substance
» un peu ferme, susceptible de s'al-
» longer & se contracter. Son corps
» blanc-mât de couleur, & au plus,
» gros comme une chanterelle,
» parvient quelquefois à la longueur
» de deux ou trois aunes : il paroît
» formé d'une suite de petits an-
» neaux, unis les uns aux autres,
» par une peau environnante très-
» déliée. Un seul boyau règne d'une
» extrêmité à l'autre; mais quoique
» cet intestin ne soit pas plus gros
» qu'un fil médiocre, les fibres qui

» en ſont diſpoſées en long, ſe » rompent bien moins aiſément que » celles de la mince pellicule qui » couvre & réunit les articulations » du corps.

» Lorſque les Indiens s'apperçoi- » vent de la préſence de ce ver, » qui tôt ou tard ſe montre en » dehors, en perçant la peau, ils » le ſaiſiſſent par la tête, & en » tirant doucement, ils fixent cette » partie ſur une petite courroie, ou » ſur un morceau de plume, qu'en- » ſuite ils tournent pluſieurs fois » le jour; ainſi ſans faire d'effort, » peu-à-peu ils parviennent à l'ex- » tirper. L'objet de cette grande » circonſpection eſt la crainte de » caſſer le corps de l'inſecte; en

» effet il eſt rempli d'une lymphe » blanchâtre, d'une qualité très-» âcre, dont l'effet eſt de cauſer » une inflammation, qui ordinai-» rement eſt ſuivie d'un abcès, & » quelquefois même de la gangrène.

» Lorſqu'à mon arrivée à l'Ile de » France, il eut été reconnu que » j'avois ce ver dans le pied, on » eſſaya de le tirer, en ſuivant le » procédé ci-deſſus indiqué. Mais » ſoit par défaut d'habitude, ou par » l'exceſſive foibleſſe de la peau de » l'inſecte, deux fois il ſe rompit, & » occaſionna deux abcès conſidé-» rables, qui néceſſitèrent des opé-» rations dont un des objets étoit » de retrouver la ſuite de ce petit » corps entre les muſcles de mon pied.

» Dans les pansemens qui durè-
» rent plus d'un mois, j'ai remar-
» qué que la portion, plus ou moins
» longue du corps de ce vermisseau,
» qui fut coupée dans les diverses
» opérations, & repondoit à ce qui
» déjà avoit été retranché, tomba
» bientôt en suppuration ; mais la
» partie restante du côté que l'on
» peut supposer son anus, continua
» d'être pleine de vie. Ainsi l'extrê-
» mité postérieure du *dragonneau*
» seroit-elle donc une tête en puis-
» sance? C'est-à-dire que par le bien-
» fait d'une nature prodigue, cette
» partie seroit douée d'une faculté
» surabondante, d'abord inerte,
» mais susceptible dans certains cas,
» de pomper la lymphe dont le
reste

» reste du corps de l'animal doit » être alimenté ».

LETTRE CXV.

D'Alcatile.

JE ne vous entretiendrai d'Alcatile, Madame, que pour vous donner une idée du culte que j'ai trouvé établi dans cette ville du Maduré. Ce culte est le comble de l'impudicité. Les prêtres adorent solemnellement le dieu Priape, sous le nom de *Lingam*; il est représenté sous la figure des parties naturelles de l'homme ou de celles des deux sexes réunis. Cette indécente divinité a un grand nombre de sectateurs dans toutes les parties de l'Inde.

elle eſt adorée comme la ſource de la génération des êtres vivans; on en porte au cou l'image obſcène, connue ſous le même nom, à laquelle on offre tous les jours des ſacrifices.

J'ai trouvé à Alcatile un François, miſſionnaire de Maduré. Il deſireroit beaucoup de faire la converſion d'un docteur du pays, qui s'eſt acquis une grande réputation, & dont l'exemple pourroit en convertir beaucoup d'autres au chriſtianiſme. Cet idolâtre, homme d'eſprit, & plus inſtruit que ne le ſont les docteurs Indiens, parle avec éloge de la religion chrétienne. Pourquoi, lui diſoit le miſſionnaire, ne m'aidez-vous pas à faire connoître l'Etre ſuprême à vos compatriotes ? Notre travail ſeroit inutile, lui a répondu le docteur ; l'eſprit de ce peuple eſt trop borné : il n'eſt pas capable d'une connoiſſance ſi ſublime. Le miſſionnaire repliqua : Il en eſt de Dieu comme de la mer. Quoiqu'on n'en voie point toute l'étendue, & qu'on n'en pénètre pas la profondeur, on ne laiſſe pas de la connoître aſſez, pour faire des voyages d'un très-long cours, & ſe rendre aux lieux où l'on a deſſein d'aller. De même quoique l'Etre ſuprême ſoit incompréhenſible, il n'eſt perſonne qui ne le puiſſe connoître autant qu'il eſt néceſſaire pour le bonheur de la vie à venir. Cette comparaiſon plaiſoit beaucoup au docteur ; mais elle n'a pu lui faire embraſſer la doctrine qu'il eſtime. Un gros lingam qu'il porte au cou, eſt comme le ſceau de ſa réprobation.

Une loi qui m'a paru très-aſſortie à l'obſcénité du culte, & qu'on dit établie par les prêtres lingamiſtes, oblige les jeunes filles à abandonner leur virginité à la brutalité de ces prêtres.

Je ne dois reſter que deux jours à Alcatile : c'eſt une ville grande & bien peuplée, mais ſale & mal bâtie, comme le ſont preſque toutes les villes de l'Inde. La plupart de ſes habitans ſont lingamiſtes, & par-là donnent peu d'eſpérance aux miſſionnaires. La vie que mènent nos prêtres, pour faire des conquêtes au christianisme, pourra intéresser votre curiosité. Persuadés que rien n'a plus de force pour attirer les infidèles, que l'exemple d'une vie austère & mortifiée, les missionnaires ont pris l'habit & la manière de vivre des *Sanias* bramines, qui sont une secte Indienne de religieux pénitens. C'est contracter un terrible engagement ; car, outre l'abstinence de chair, de poissons & d'œufs, ces moines idolâtres ont des pratiques extrêmement gênantes : ils se lavent tous les matins, dans un étang public, sans égard pour la différence des saisons, & recommencent ce bain avant leur repas, qu'ils ne prennent qu'une fois par jour. Leur état les assujettit à la plus rigoureuse solitude, pendant le tems où ils ne sont point occupés au service de l'humanité. Toute leur nourriture se réduit à quelques légumes, ou à un peu de riz cuit à l'eau. Les Indiens ont pour maxime que quiconque entreprend de les rendre meilleurs ou plus sages, doit mener une vie conforme à ces instructions. Les missionnaires observent cette maxime avec la plus grande rigueur. Ce n'est point de leur propre autorité qu'ils se sont ainsi travestis en bramines : un supérieur de leur mission faisant sagement réflexion à l'attachement des Indiens pour leurs prêtres & leurs religieux, jugea qu'en prenant leur habit & vivant à leur manière, on pourroit s'attirer plus aisément la confiance de ce peuple. Ce dessein fut proposé au Saint-Siège, qui le fit examiner au tribunal de la *propagande*. On y exposa que l'habit des bramines étoit moins une marque de religion qu'un signe de noblesse, & l'on permit en conséquence aux missionnaires d'essayer ce moyen de conversion, qui en effet leur a réussi. Alors on ne les vit plus que la tête & les pieds nûs, marchant sur le sable brûlant, exposés sans cesse aux plus grandes ardeurs du soleil, passant quelquefois plusieurs jours sans nourriture, & attendant sous un arbre, ou sur un grand chemin, que quelque idolâtre, touché de ces austérités, vînt écouter leurs prédications. Si le christianisme eut toujours pris des moyens aussi sages & aussi mesurés, ses conquêtes auroient été & plus douces & plus sûres.

Dans tous les lieux où je passe avec le missionnaire, le peuple s'attroupe pour voir le *Sanias chrétien*; c'est le nom que lui donnent ces bonnes gens. Ce matin il a reçu la visite de plusieurs femmes de Bramines : les unes parmi diverses questions, lui ont demandé si leurs maris qui avoient entrepris de longs voyages, reviendroient heureusement. Le missionnaire leur a répondu : Je ne suis point venu pour vous tromper, comme vos faux docteurs, mais pour vous ouvrir le chemin du bonheur dans l'autre monde. Elles l'ont écouté attentivement, puis l'ont ſalué civilement, & ſe ſont retirées ſans rien dire. D'autres mieux diſpoſées & plus dociles à l'inſtruction évangélique, ont reçu le baptême. Je vais laiſſer mon miſſionaire à ſes fonctions apoſtoliques. Demain je ſerai en route pour le Marawar.

Fin du dixième Volume des Voyages.

TABLE

Pour les neuvième & dixième Volumes des Voyages.

TOME IX.

Batavia.

LETTRE LXXXIV. *Description, climat, mœurs & usages*, page 1

LETTRE LXXXV. *Gouvernement & administration politique*, 24

Borneo.

LETTRE LXXXVI. *Description, commerce, productions & détails historiques*, 36

Iles Moluques.

LETTRE LXXXVII. *Idée générale, mœurs & description abrégée*, 47

LETTRE LXXXVIII. *Phénomènes particuliers a l'île d'Amboine, mœurs & usages de ses habitans*, 64

LETTRE LXXXIX. *Mœurs &*

usages des Alfouriens, leur cruauté, leur goût pour la chair humaine, 90

LETTRE XC. *Productions & commerce des Moluques, règne animal,* 108

TIMOR.

LETTRE XCI. *Détails historiques, mœurs, usages & productions,* 144

ILES CÉLEBES.

LETTRE XCII. *Idée générale de cette île, description de la ville de Mancaçara, détails historiques sur l'établissement des Hollandois à Célèbes,* 167

LETTRE XCIII. *Mœurs, usages, religion,* 198

LETTRE XCIV. *Des productions & des différens animaux,* 221

PHILIPPINES.

LETTRE XCV. *Idée générale des Philippines. Description particulière de Manille,* 245

TOME X.

SUITE DES PHILIPPINES.

LETTRE XCVI. *Utilité des voyages & qualités nécessaires à un voyageur,* 1

LETTRE XCVII. *Traversée de Manille à Mindanao, tempête, révolte de l'équipage, & arrivée à Mindanao,* 8

LETTRE XCVIII. *Usages & mœurs des Mindanayens,* 17

LETTRE XCIX. *Description de la capitale, hôtels des Seigneurs, repas, danses, musique,* 35

LETTRE C. *Ile de Xolo. Quadrupèdes, oiseaux, fruits, manière dont cette île fut conquise par les Espagnols,* 45

LETTRE CI. *Course dans les îles Paragua, Panay & Zébu. Mort de Magellan. Fêve de S. Ignace,* 53

LETTRE CII. *Apperçu général des loix & de la religion,* 61

LETTRE CIII. *Phénomènes du climat & productions du sol dans les règnes animal & végétal,* 76

LETTRE CIV. *Récit d'un voyageur sur les îles Palaos,* 111

MARIANES.

LETTRE CV. *Découverte, climat & productions de ces îles,* 130

LETTRE CVI *Origine, couleur, longue vie, médecine, vêtemens, langue, poésie, connoissance du feu, navigation des Marianois,* 140

LETTRE CVII. *Systême religieux, cérémonies funèbres, assemblées de fête, parure & chant des femmes,* 152

LETTRE CVIII. *Rang, préjugés, usages des nobles, appelés* Chamorris; *mariages; autorité des femmes. Débauche de la jeunesse; caractère général de la nation; singularité des Marianois Montagnards,* 165

LETTRE CIX. *Amour de la vengeance, manière de faire la guerre, armes offensives,* 179

LETTRE CX. *Course dans l'île de Tinian; ses bois, ses animaux, son ancienne population, ses ruines, &c.* 185

CÔTE DE LA PECHERIE.

LETTRE CXI. *Pêche générale & annuelle des huîtres perlières*, 200

MADURÉ.

LETTRE CXII. *Etats de Maduré, ville capitale du même nom ; ancienne accadémie de Philosophes Indiens, recueil de maximes philosophiques, caractère des Maduréens, &c.* 213

LETTRE CXIII. *Maisons des Indiens ; usage de la bouse de vache ; voitures, le gari & le palanquin*, 224

LETTRE CXIV. *Anes du Maduré, Bisons, serpent capelle dragonneau, récit d'un voyageur*, 253

LETTRE CV. *Culte du Lingam à Alcatile, & vie des missionnaires d'Europe dans cette ville & dans l'Inde*, 253

Fin de la Table.

www.ingramcontent.com/pod-product-compliance
Ingram Content Group UK Ltd.
Pitfield, Milton Keynes, MK11 3LW, UK
UKHW021856190726
13855UKWH00001B/343

9 782013 066297